AF247989

MÉMOIRE

SUR LA CONSTRUCTION

DE LA COUPOLE,

PROJETTÉE

POUR COURONNER LA NOUVELLE ÉGLISE

DE SAINTE GENEVIEVE

A PARIS;

Ou il eſt queſtion de prouver que les PILIERS déja exécutés &
deſtinés à porter cette COUPOLE, n'ont point les dimenſions
néceſſaires pour eſpérer d'y élever un ſemblable OUVRAGE
avec ſolidité,

PROBLESME ADRESSÉ A TOUTES LES SOCIÉTÉS SAVANTES,

AUX INGENIEURS, AUX ARCHITECTES,

Et à ceux qui ſe connoiſſent en conſtruction.

PAR M. PATTE, ARCHITECTE DE S. A. SÉRÉNISSIME MONSEIGNEUR
LE DUC RÉGNANT DE DEUX-PONTS.

A AMSTERDAM,

ET SE TROUVE A PARIS,

Chez P. FR. GUEFFIER, au bas de la rue de la Harpe.

M. DCC. LXX.

AVANT-PROPOS.

QUELQUE peu vraisemblable qu'il soit que l'on ait entrepris une Coupole aussi importante que celle de la nouvelle Eglise de Sainte Génevieve, sans avoir donné à ses principaux supports les proportions convenables pour assurer sa solidité, c'est ce dont il ne sera gueres permis de douter après la lecture de ce Mémoire. Si quelqu'un venoit sérieusement proposer d'élever sur un mur isolé de trois pieds neuf pouces d'épaisseur, & de quatre-vingt pieds d'élévation, un autre mur de plus de huit pieds d'épaisseur par le bas, & de quarante pieds de haut, avec l'obligation de faire encore soutenir à l'extrémité de ce dernier la poussée de deux grandes voûtes, il ne pourroit à coup sûr y avoir qu'une voix pour condamner l'exécution d'un pareil ouvrage. Voilà cependant, dans toute sa simplicité, le sujet de notre problême. Le mur isolé de trois pieds neuf pouces, & de quatre-vingt pieds d'élévation, est la proportion des piliers de l'Eglise de Sainte Génevieve, déja exécutés & destinés à porter son dôme : le mur, de plus de huit pieds d'épaisseur, est celui que les principes établis pour la poussée des voûtes, joint aux exemples de construction, nécessitent de donner pour contreventer une Coupole de soixante-trois pieds de diamètre, comme celle en question. Est-il vrai, en effet, qu'on ne puisse se dispenser de donner au moins huit pieds d'épaisseur au bas de la tour du dôme qu'il s'agit d'élever au centre de l'Eglise de Sainte Génevieve ? Telle est la question que nous allons développer, en nous appuyant sur des faits simples, & dont on ne puisse contester la vérité.

MÉMOIRE
SUR LA CONSTRUCTION
DE LA COUPOLE,
PROJETTÉE
POUR COURONNER LA NOUVELLE ÉGLISE
DE SAINTE GENEVIEVE
A PARIS.

C'est une des obligations que nous avons au progrès des Siences, que de nous avoir mis en état de pouvoir apprécier d'avance une infinité d'opérations dans lesquelles on ne savoit se conduire précédemment qu'en tâtonnant, ou qu'en laissant le hasard l'arbitre du succès. Entre tous les arts, il y en a peu d'aussi propre à être éclairé que celui de la construction. Comme il y est sans cesse question d'élever des corps les uns au-dessus des autres, de faire porter des fardeaux, de contreventer des poussées de voûtes, ainsi que de soutenir, soit des plans inclinés, soit des surfaces horisontales ou perpendiculaires, il s'ensuit que tous ces objets étant susceptibles de rapports ou de considérations relatives aux loix de l'équilibre & de la pesanteur, appartiennent de toute nécessité aux Mathématiques, & principalement à la Méchanique, c'est-à-dire peuvent être appréciés par ses régies.

Plusieurs de nos Savans ont plus d'une fois traité ces importantes matieres. M. Parent a fait voir, dans les *Mémoires de l'Académie des Sciences, de 1704*, ce que c'est que la poussée d'une voûte, comment ses différents voussoirs agissent relativement à leur position; la clef sur les contre-clefs; les contre-clefs sur les voussoirs adjacents, & ainsi des autres jusqu'à leur retombée sur les piédroits, & enfin il a déterminé quel rapport a la poussée d'une voûte, eu égard au poids de la voûte entiere.

M. de la Hyre, dans son *Traité de Méchanique*, avoit déja démontré la disposition que l'on pouvoit donner aux voussoirs d'une voûte pour la rendre durable, & ce même Académicien a résolu depuis, dans les *Mémoires de l'Académie des Sciences, de 1712*, le problême de la méchanique des voûtes dans toute son étendue, & a donné des régles précises pour trouver en toutes occasions la force que doivent avoir les piédroits, ou les murs de soutennement d'une voûte pour résister à la poussée.

La plupart de ceux qui ont écrit sur la Méchanique, ont depuis examiné les mêmes questions sur la poussée des voûtes, & sur les puissances en équilibre qu'il convient de lui opposer suivant les circonstances, & ont trouvé des résultats semblables, bien qu'ils se fussent servis de procédés différents pour y parvenir: ainsi il ne sauroit y avoir de doute sur la certitude des principes qui servent à établir les épaisseurs des piédroits des voûtes; ce sont des vérités Mathématiques.

Voici en général comme les Géométres s'y sont pris pour déterminer l'épaisseur du support d'une voûte ou la résistance en équilibre avec sa poussée. Ils ont considéré la demi-voûte où se fait d'ordinaire la rupture, comme un seul voussoir agissant à cause de sa forme de coin contre sa moitié inférieure jointe à tout le piédroit pour le renverser; & par la comparaison des rapports de la surface de ce voussoir avec le diamétre de la voûte, la nature de sa courbe, la longueur de sa clef, la hauteur du piédroit, & même des différents poids dont ce piédroit pouvoit être chargé suivant les circonstances, ils ont trouvé par les régles de la Méchanique, les expressions algébriques des puissances qu'il convient d'opposer, dans tous les cas, à ces différents efforts pour être en équilibre avec eux. (1)

(1) Dans les *Mémoires de l'Académie des Sciences*, années 1704, 1711, 1726, 1727, 1728, 1729, 1730, *dans le troisiéme tome du Traité de la coupe des pierres, de M. Frezier, chap. XII*, ainsi que dans la *Science des Ingénieurs, de M. Belidor, l. II*, on trouve développées toutes les circonstances de la méchanique des voûtes.

C'eſt donc en nous appuyant ſur les principes reconnus univerſellement, touchant la pouſſée des voûtes, & en les faiſant marcher en parallele avec les proportions des meilleures conſtructions de même genre, que nous nous propoſons, ſuivant la promeſſe que nous en avons faite *page 185 de nos Mémoires ſur les objets les plus importants de l'Architecture* (1), d'examiner l'exécution du dôme projetté pour couronner l'Egliſe de Sainte Génevieve, & de comparer les dimenſions des ſupports qui lui ſont deſtinés relativement à la pouſſée & à ſon poids.

En conſéquence, nous allons expliquer d'abord l'eſſence de la conſtruction d'une coupole élevée ſur des pendentifs, & quel doit être le rapport ou l'enchaînement de ſes différentes parties pour avoir la ſolidité requiſe; & afin de confirmer par des exemples ce que nous dirons à ce ſujet, nous en ferons remarquer l'application dans la conſtruction des ouvrages les plus eſtimés en ce genre.

Enſuite nous examinerons comparativement aux principes reconnus & aux exemples propoſés, ſi l'on peut eſpérer d'élever un dôme ou une voûte, ſoit ſphérique, ſoit ſphéroïde, avec une apparence de ſuccès, au centre de l'Egliſe de Sainte Génevieve, ſur les piliers déjà exécutés.

ARTICLE PREMIER.

De la Conſtruction des Coupoles élevées ſur des Pendentifs.

UNE Coupole placée ſur des pendentifs à la rencontre des bras de la croix d'une Egliſe, eſt par ſon plan un cercle inſcrit dans un quarré ou un octogone preſque toujours irrégulier, dont le tambour ou la tour ne porte que ſur quatre points, ſoit au milieu des côtés du quarré, ſoit au milieu des grands côtés de l'octogone. Or ces grands côtés étant d'ordinaire ouverts par des arcades, il réſulte qu'une coupole, vû ſa poſition, ſe trouve alors ſoutenue au-deſſus des voûtes d'une Egliſe préciſément ſur la clef des arcs formant la réunion des bras de la croix, & par des encorbellements au droit des angles, ſi c'eſt un quarré; & au droit des petits côtés, ſi c'eſt un octogone irrégulier.

Avant de déterminer les dimenſions des piliers du rez-de-chauſſée

---

(1) Cet ouvrage ſe vend à Paris chez Rozet, Libraire, rue S. Séverin, ainſi que les *Monumens élevés en France à la gloire de Louis XV*, du même Auteur.

d'une Eglife, deftinés à porter une coupole, il faut auparavant décider le diamétre de fa tour, fa décoration, fon épaiffeur, la hauteur de fes pié-droits, & la courbe de fa voûte ou de fes voûtes, fi l'on en veut admet-tre deux : car il eft évident que ce n'eft que par la connoiffance de ce qui fera porté que l'on peut parvenir à établir fûrement la folidité des fup-ports : en ufer autrement, ce feroit opérer au hafard.

Les Architectes employent différents procédés pour terminer les cou-poles. Les uns les exécutent avec une feule voûte : les autres les font à double voûte : D'autres ajoutent quelquefois au-deffus un dôme de char-pente pour couronner leur extérieur. On exécute auffi différemment les tambours ; tantôt on contient l'effort des voûtes, en conftruifant leur mur d'une épaiffeur uniforme, tantôt au contraire on diftribue au pour-tour de la tour, des contreforts vers lefquels on rejette tout le poids & la pouffée : ce font des raifons de conftruction qui occafionnent ces variétés. Comme notre intention n'eft pas de donner ici un traité de la Méchani-que de toutes les efpéces de voûtes, mais feulement de mettre chacun à portée d'apprécier l'infuffifance des piliers de l'Eglife de Sainte Génevieve pour porter un dôme dans le cas le plus favorable, nous nous borneront à démontrer quelles doivent être les dimenfions des fupports d'une cou-pole fimple, en nous fervant de principes de la certitude defquels on ne puiffe douter,

Une coupole étant d'ordinaire un morceau de décoration deftiné à faire l'ornement d'une Ville, & à annoncer de loin fa magnificence, la forme n'en fauroit être abfolument arbitraire ; & ce n'eft qu'autant que l'on par-vient à lui donner un afpect gracieux fans fortir du caractère convena-ble à fa deftination, c'eft-à-dire à un Temple, que l'on réuffit. On a déjà tant conftruit de ces ouvrages qu'on eft en quelque forte d'acord fur ce qui conftitue leur vraie beauté. Si l'on fait la voûte d'une coupole plein ceintre ou furbaiffée, il eft d'expérience qu'elle aura l'air écrafé & fans agrément, fi au contraire on la tient d'une courbe très allongée, alors elle dégénerera en un large clocher, ou un efpéce de pyramide de mau-vais goût & fans proportion. Entre ces deux extrêmes, & pour éviter l'inconvénient du pefant ou du mefquin, il y a fans doute un milieu à faifir.

Fontana, favant Architecte du fiècle dernier a donné dans fon Ouvrage intitulé : *Defcriptione del Tempio Vaticano, l. V. Ch. XXIV*, des régles fûres pour trouver les proportions les plus agréables des coupoles fimples,

afin

afin de produire à la fois un bon effet en dedans & en dehors ; comme il feroit difficile de rien ajouter à ce qu'il a dit à ce fujet, d'après les meilleurs modèles d'Italie , nous ne pouvons mieux faire que de le rapporter.

Après avoir établi le diamétre CC , *planche I*, *figure I* , du tambour d'une coupole , la grande corniche A , & la proportion du piédeftal intérieur ou focle B , il faut prendre pour hauteur de la décoration du dehors du tambour , la longueur de fon demi-diamétre total , c'eft-à-dire, y compris fon épaiffeur de mur ou de piédroit, que l'on trouvera comme il fera dit ci-après ; & en divifant cette hauteur trouvée DE en quatre parties égales , les trois fupérieures DD donneront l'élévation des colonnes ou pilaftres avec leur entablement , & la quatrieme reftante DE fera pour celle du piédeftal , à moins que les toits de l'Eglife n'y mettent obftacle. Le demi-diamétre du dedans-œuvre de la coupole donnera au contraire la proportion de la décoration intérieure du tambour : en plaçant cette moitié fur le piédeftal B , on obtiendra fa hauteur totale , dans laquelle fera comprife le petit piédeftal F deftiné à recevoir la voûte.

On parviendra enfuite à déterminer la courbe de la coupole que l'on conftruit d'ordinaire en briques , en divifant le diamétre du dedans du tambour en 12 parties égales , & en portant une de ces parties au-deffus du petit piédeftal F , en G , la droite GG coupant à angles droits l'axe de la coupole , fera la ligne diamétrale où l'on établira fes différents centres. Pour les trouver , du point d'interfection H , il faut tracer un demi-cercle I , I , puis porter de part & d'autre du point H , & du fommet de ce demi-cercle une des 12 parties en queftion , & en tirant les lignes K I , K'I , on aura la largeur de l'œil de la lanterne vers le haut de la voûte : après cela , en partageant H K en deux également , on aura quatre points K , L , L', K' , dont les deux K , K' ferviront à tracer chaque côté de la courbe intérieure M de la voûte , & les deux autres ferviront à tracer la courbe extérieure N , dont la naiffance fera une retraite convenable en dehors fur le piédeftal qui la reçoit (3), laquelle courbe N fe divifera en trois parties , dont l'inférieure indiquera la place d'un des cercles de fer O. Quant à la proportion de la lanterne R , on la fixera en lui donnant pour

___

(3) Il eft à obferver que Fontana ne parle pas pofitivement de l'épaiffeur de la voûte , mais que dans fon deffein il lui donne par le bas , la moitié de l'épaiffeur du mur de la tour , allant toujours en diminuant jufqu'au col de la lanterne , où cette épaiffeur fe trouve réduite prefqu'au quart de celle du mur de la tour : proportion qui nous paroît ne pouvoir s'écarter de la vérité , eu égard à l'ifolement de la voûte , au poids de la lanterne qu'il fait porter fur fon fommet , & à tous les exemples de voûtes expofées aux injures du temps.

B

hauteur , fans comprendre la boule & la croix , le quart du diamétre intérieur CC.

Enfin on aura l'épaiffeur P du tambour , néceffaire pour contreventer
la coupole , en partageant le diamétre CC de fon dedans-œuvre en 10
parties égales , & en donnant à fon mur uniformément une de ces parties ;
& pour ce qui eft de l'épaiffeur du piédeftal Q ou F, qui porte la naiffance de
la voûte , il fuffira de lui donner les trois quarts d'une des 10 parties en
queftion.

Pour appuyer l'épaiffeur qu'il affigne au mur pourtour d'une coupole ,
Fontana cite plufieurs dômes de Rome où ces régles fe trouvent en quelque forte obfervées , tels que la coupole de S. André *della Valle* , qui
a intérieurement 74 palmes & demie de diamétre , & 7 palmes & demie
d'épaiffeur de mur , c'eft-à-dire , un peu plus de la dixiéme partie de fon
diamétre (4).

La coupole *di S. Carlo à Catinari* , qui a 72 palmes de diamétre , &
des murs épais de 7 palmes un quart.

La coupole *della Madona de Miracoli* , qui a 78 palmes trois quarts
de diamétre ; & 7 palmes deux tiers d'épaiffeur.

La coupole de l'Eglife de Jéfus , qui a 78 palmes de diamétre , avec
des murs de 7 palmes trois quarts d'épaiffeur.

La coupole *di Santa Margarita in monte Fiafcone* , qui a 115 palmes
de diamétre , avec des murs conftruits de tuf , lefquels ont 13 palmes
un quart d'épaiffeur , c'eft-à-dire , environ la neuviéme partie de fon diamétre (5). D'après ces proportions fondées fur l'expérience , cet Architecte
conclud qu'on ne fauroit fe difpenfer de donner au moins pour épaiffeur
aux murs deftinés à porter les coupoles fimples fur pendentifs , la dixiéme
partie de leur diamétre intérieur , pourvû toutefois , dit-il , qu'ils foient conftruits de bons matériaux bien durs ; que quand on voudra les bâtir en pierres legéres , il fera à propos de leur donner au moins la neuviéme par-

(4) La palme a huit pouces , 3 lignes , 6
points , du pied de Roi.

(5) On peut ajouter à ces exemples , que
le Dôme de Sainte Marie des Fleurs à Flo-
rence , qui eft un octogone portant uniformément fur fes gros piliers , a 182 palmes
de diamétre , & 24 palmes d'épaiffeur de mur
pourtour , ce qui en fait environ la feptiéme partie ; & que le dôme du Panthéon à
Rome , dont le diamétre eft 193 palmes 2
tiers , à des murs pourtour de 30 palmes d'é-
paiffeur , c'eft-à-dire , de plus du fixiéme de
fon diamétre.

Dans le cours de nos voyages en Italie ,
en Angleterre , en Hollande , dans une partie de la France & de l'Allemagne , nous
avons beaucoup examiné la conftruction de
la plupart des coupoles & des voûtes fphériques ou fphéroïdes , élevées dans ces différents pays , & nous n'en avons pas remar-
qué de quelque étendue dont l'épaiffeur des
murs , lorfqu'elle eft uniforme , ne fût à peu
près le dixiéme de leur diamétre.

tie de leur diamétre ; & qu'enfin, pour contenir des coupoles à double voûtes, il faudra encore donner davantage d'épaiffeur à leurs murs.

Si, de ces preuves de fait, ón paffe aux préceptes que fournit la Méchanique pour déterminer l'épaiffeur du mur qui doit porter à rez-de-chauffée une voûte fphérique ou fphéroïde dont on connoît le diamétre, la courbe de la voûte, le poids dont elle peut être chargée à fon fommet, & la hauteur des piédroits, on trouve que ces fortes de voûtes pouffent environ la moitié moins que celles en berceau fimple, de même nature, diamétre, épaiffeur ou charge, & que par conféquent, en ne donnant à leurs murs ou piédroits, que la moitié de l'épaiffeur des voûtes en berceau, conditionnées de même, ils auront toute la force néceffaire pour être en équilibre avec la pouffée. C'eft de cette maniere que M. Frezier, dans le troifiéme Tome de fon *Traité de la coupe des pierres*, *Chapitre XII*, confidére la pouffée des voûtes fphériques & fphéroïdes : il la rapporte à l'action qu'exerce contre fes fupports, une voûte en arc de cloître dont le plan feroit compofé d'une infinité de côtés devenus fi petis qu'ils feroient fenfiblement confondus avec le cercle dans lequel le polygone feroit infcrit.

Faifons l'application de ces principes à la voûte de Fontana, pour découvrir le rapport de fa régle pratique avec la Théorie, & en quoi l'épaiffeur de fon piédroit différe de celle affignée pour l'équilibre : on y parviendra en fixant le diamétre de cette voûte, fon épaiffeur & la hauteur de fes piédroits. Soit le diamétre 63 pieds, la courbe de la voûte furmontée d'un douziéme, la hauteur des piédroits 36 pieds, & l'épaiffeur réduite pour la demi-voûte 24 pouces, ce qui fera à peu près 18 à 20 pouces vers le col de la lanterne ; dimenfion qui eft démonftrative relativement aux circonftances. En effet, l'épaiffeur d'une voûte ifolée fur fes fupports & expofée par fa grande élévation à toutes les injures de l'air, doit être néceffairement bien différente de celle d'une voûte à couvert fous un toit de charpente, & dont les reins peuvent être fortifiés de toutes parts : elle fe doit régler encore par fon étendue, & par la confidération du fardeau qu'elle fera contrainte de porter fur fon fommet : il faut qu'elle foit en état de foutenir une couverture de plomb, la lanterne qui la couronnera, la neige qu'elle fera quelquefois obligée de recevoir ; en un mot qu'elle foit capable de réfifter à la violence des ouragans & aux autres caufes phyfiques qui peuvent concourir à fa deftruction. Il eft évident que toutes ces confidérations exigent de tenir une voûte extérieure beaucoup plus épaiffe que lorfqu'elle eft à l'abri , & qu'elle n'a point d'inconvéniens à prévenir (6). En faifant les calculs de cette voûte , comme fi elle étoit feulement en berceau furmonté, on trouvera, par l'application de la formule donnée par Belidor dans *fa Science des Ingénieurs, Liv. II.* 9 pieds d'épaiffeur de piédroit pour puiffance en équilibre , & en prenant la moitié de cette mefure, attendu que la voûte qui fait l'objet de notre examen , eft fpheroïde , on aura pour l'épaiffeur cherchée, du piédroit , 4 pieds 6 pouces (7).

Mais , comme l'on fait que dans la pratique , l'épaiffeur indiquée par la Méchanique ne fuffit pas, il fera à propos d'ajouter en fus, afin que la puiffance réfiftante foit fupérieure à celle qui doit agir. Quand les voûtes ont à peu près 7 ou 8 toifes de diamétre, il eft d'ufage d'augmenter cette épaiffeur d'environ un pied, & de donner davantage , à proportion que la grandeur de la voûte s'accroît , ou que des circonftances locales paroiffent le demander , comme pourroit être le cas d'une coupole portée en l'air fur 4 points quelquefois à plus de 100 pieds: car il n'eft pas douteux que fon exécution ne demande bien d'autres confidérations, à caufe de fa pofition extraordinaire , que fi elle étoit placée à rez-de-chauffée , fans fujettion quelconque. En fe contentant d'augmenter feulement d'un pied l'épaiffeur du piédroit 4 pieds 6 pouces, pour fe mettre en force au-deffus de l'équilibre ; & en ajoutant encore 6 pouces au moins , tant à caufe de la pofition de la voûte fur pendentifs & du poids de la lanterne que nous n'avons pas fait entrer dans les calculs , lequel en agiffant fur fon fommet, éloignera fon centre de gravité, qu'à caufe des impreffions de l'humidité , qui, en s'incorporant aifément dans les pores d'une voûte extérieure, la furcharge fouvent d'un poids. très - confidérable, & augmente en conféquence l'effort contre fes piédroits , il s'enfuit que l'épaiffeur cherchée de la tour ne fauroit s'écarter de 6 pieds, & que la régle de Fontana , en indiquant de donner 6 pieds 3 ou 4 pouces dans

(6) M. Couplet dans les *Mémoires de l'Académie des Sciences de* 1729 , a effayé de déterminer par une formule la moindre longueur des vouffoirs d'une voûte en pierre, pour qu'elle puiffe fe foutenir en équilibre par l'énergie feule de fes parties , & a fait voir qu'une voûte de 28 pieds de diamétre, éxigeoit 17 pouces 10 lignes $\frac{1}{4}$ d'épaiffeur ; c'eft pourquoi en nous bornant à donner à peu près la même épaiffeur au fommet d'une voûte fphéroïde qui auroit trois fois plus d'étendue , on ne fauroit nous foupçonner d'exagerer.

(8) A la fin de ce Mémoire on trouvera la folution de ce probléme.

le cas actuél , c'eſt-à-dire le dixiéme du diamétre, 63 pieds , doit être regardée comme une pratique excellente , d'accord avec la théorie , & qu'il ne pourroit être que dangereux de reſtraindre (8).

Nous n'avons parlé juſqu'ici que de l'épaiſſeur uniforme qu'il convient de donner aux murs pourtours d'une coupole élevée ſur pendentifs , pour réſiſter également à ſon action ; mais ce procédé n'a gueres lieu que pour des dômes d'un diamétre peu conſidérable ; car , lorſqu'ils deviennent d'une certaine grandeur, ou qu'ils doivent être à double-voûte , on trouve beaucoup plus d'avantage d'y repartir des contre-forts , vers leſquels on rejette par des lunettes ou des arcs en décharge tout l'effort , & que l'on conſidére alors comme autant de tranches perpendiculaires comprenant toutes la clef , & allant correſpondre aux côtés oppoſés du diamétre. La tour portant preſque de toutes parts à faux ſur le plan inférieur de l'E-gliſe , on parvient par le moyen des contre-forts à alléger le fardeau ; & au lieu de le laiſſer porter au haſard ſur les encorbellements , on ſe rend maître de le diriger à volonté vers les endroits les plus ſolides ou les plus capables de réſiſter , tels que les arcs des bras de la croix , & les maſſifs des gros piliers , ſans compter que par leur ſecours on vient à bout de lier le mur de la tour avec les piliers , ce qui n'eſt pas poſ-ſible autrement. On établit l'épaiſſeur des contre-forts , en calculant l'action que la portion de voûte correſpondante peut exercer contre cha-cun , en ayant égard , comme de coutume , à la nature de la courbe du dôme , à ſon diamétre , à ſon épaiſſeur , & au fardeau dont il peut être chargé.

Tout le poids & la pouſſée d'une coupole étant par ce procédé rejettés vers des points d'appui principaux , il eſt manifeſte que leur épaiſſeur doit être plus grande que ne ſeroit celle des murs , ſi la voûte y étoit ſou-tenue également , & que même cette épaiſſeur doit varier ſuivant les cir-conſtances particulieres de leur largeur ou de leur eſpacement. C'eſt pour-quoi , comme il ne ſauroit y avoir de régles préciſes à cet égard , nous nous bornerons à remarquer que lorſqu'un plan eſt circulaire , il faut bien ſe garder de trop eſpacer les contre-forts , de crainte qu'à cauſe de

(8) Les Italiens eſtiment que la rupture ne ſe fait pas toujours au milieu de la de-mi - voûte lorſque le piédroit eſt trop foi-ble ; mais qu'elle s'opére auſſi quelquefois vers ſon tiers inférieur , & que parconſéquent il eſt plus ſûr de la conſidérer depuis cet endroit. Relativement à cette obſervation qui nous a été faite par le Pere Boſcovich , Correſpon-dant de l'Académie des Sciences ; il réſulte que la ſurface du vouſſoir qui agit contre le piédroit devenant plus conſidérable , on trouve une épaiſſeur plus grande ſuivant cette maniere de calculer.

son effort excentrique ; la voûte ne souffle dans leur intervalle ; que, quand on les espace du double de leur largeur, leur épaisseur est à peu près semblable à celle donnée par les formules pour les voûtes en berceau de même nature, diamétre, épaisseur & charge, & qu'enfin dans tous les exemples de construction de ce genre, jamais l'épaisseur des contre-forts n'est au-dessous du huitiéme de leur diamétre intérieur, ainsi qu'on le verra par la suite.

Pour ce qui est des murs compris dans leur intervalle, ce sont des considérations particuliéres qui déterminent leur épaisseur, telles que la saillie des pendentifs, ou l'obligation dans laquelle ils se trouvent de soutenir des platebandes, des saillies de corniche, &c.

L'épaisseur uniforme des piédroits, ou celle des contre-forts nécessaires pour soutenir la poussée d'une coupole, étant décidée, on ajoute au-delà les décorations d'Architecture, & l'on place vers le bas de la tour un espéce de soubassement ou grand piedestal qui lui sert particuliérement de fondation, & qui comprend tant en dedans qu'en dehors toutes les saillies. A l'aide de cet arrangement on vient à bout, malgré la différence des plans supérieurs & inférieurs, de réunir toutes les parties de la tour, & de les empêcher d'agir séparément sur les encorbellemens & sur les gros piliers de l'Eglise.

Mais, de même que dans le bas de toutes les fondations ordinaires, on met de bons empatemens ou des corps avancés pour fortifier leur assiéte sur le sol, il n'est pas moins essentiel d'en placer au bas de la tour d'un dôme sur pendentifs à sa jonction avec les voûtes des bras de la croix, dans l'intervalle d'un pilier à l'autre, & c'est proprement ce qu'on appelle *contreventer* (9). On emploie pour cela quatre différens procédés : le premier consiste à distribuer de distance en distance autour du piédestal des éperons dirigés vers l'axe du dôme que l'on lie quelquefois entre eux par des arcs renversés ; c'est ainsi qu'on en a usé à S. Paul de Londres, dont on voit le profil du bas de la tour A, *figure * , plan-*

---

(9) On sentira l'obligation de fortifier la fondation de la tour d'un dôme sur pendentifs, en faisant attention que dans toutes les voûtes la poussée agit de préférence contre le pied extérieur de son piédroit ou de ses contreforts ; endroit que les Méchaniciens ont appellé pour cela *l'Hyppomochlion* ou le point d'appui de la puissance. On lit dans la *Science des Ingénieurs de Belidor Liv. II, page 29*, un exemple qui prouve combien il est dangereux de ne pas fortifier le bas des piédroits d'une voûte, & qu'il a été témoin de la chûte d'un magasin à poudre bien construit & avec des murs d'une bonne épaisseur pour résister à la poussée, uniquement parce qu'on avoit négligé la précaution d'y former des empatemens.

che *I* : le fecond à laiffer uniformément tout au pourtour un large empatement, tel que celui B , *fig.* * , lequel a lieu au bas de la coupole de l'Eglife de S. Ignace à Rome : le troifiéme à rejetter par des arcs-boutans toujours dirigés vers le centre , l'effort du bas de la tour contre les maffifs voifins , comme on l'a pratiqué au dôme des Invalides C, *fig.* * : enfin le quatriéme procédé qui eft le plus ordinaire , & dont on a fait ufage à S. Pierre de Rome D, *fig.* * confifte à contreventer le bas du piedeftal par une forte voûte en berceau , placée le long des bras de la croix , & appuyée vers l'extrémité oppofée par un bon mur ; laquelle voûte fait alors précifément l'office d'un contrefort placé horifontalement , & embraffant le pourtour du ventre du piedeftal entre les piliers. Il ne fubfifte pas d'exemples où l'on n'ait contreventé le pied des coupoles de l'une de ces maniéres ; & l'on ne fauroit s'en difpenfer que dans le cas où, à raifon du grand relief des décorations d'Architecture au-delà de l'épaiffeur néceffaire des piédroits , le piedeftal auroit par lui-même une faillie fuffifante pour opérer cet effet.

Après avoir fixé les proportions du tambour d'une coupole , & être convenu de la maniére de le contreventer , il faut difpofer les gros piliers d'une Eglife, qui font d'ordinaire cantonnés dans les angles de la croix, de maniere à pouvoir porter ce fardeau confidérable avec folidité. Nous avons dit qu'un dôme fur pendentifs étoit foutenu fur la clef des arcs formant la réunion des bras de la croix, & dans les angles par des encorbellements. Cette pofition , en indiquant comment doit agir le dôme contre fes piliers , fait voir conféquemment comment fe peuvent confidérer leurs dimenfions pour réfifter à fes efforts. Puifqu'une partie du dôme doit être portée fur la clef des arcs, il eft donc effentiel de conftruire ces arcs en pierre dure, de même que leurs piédroits , & d'une proportion relative au fardeau : leur largeur eft toujours donnée par l'épaiffeur du bas du piédeftal qui éléve la tour ; la hauteur de clef par le poids qu'ils doivent recevoir ; & l'épaiffeur defdits piédroits convenables pour contenir des arcs auffi chargés , fe trouve par les calculs : il ne peut y avoir de doute à ce fujet ; toujours dans un édifice les parties inférieures & fupérieures doivent avoir une certaine correfpondance qui garantiffe leur folidité.

Quant à l'action des pendentifs contre le pilier du côté de l'intérieur du dôme, il n'eft pas moins évident que la partie de la tour portant à faux au-deffus de cet endroit & agiffant du côté du pan-coupé, ne faffe auſſi de très-grands efforts pour le renverſer , & qu'ainſi il ne lui faille uniformément dans cette direction une épaiſſeur ſuffiſante pour réſiſter. Dans les exemples on remarque que cette épaiſſeur eſt toujours deux & trois fois plus conſidérable que la ſaillie de l'encorbellement ; & par les calculs on trouve qu'il la faut plus d'une fois & demie : mais nous ne nous arrêterons pas à cette ſpéculation , parce qu'elle devient d'ordinaire inutile , quand on a donné une largeur ſuffiſante à chaque côté du pilier en retour des bras de la croix , vû qu'en prolongeant cette épaiſ-ſeur de façon à ſe rencontrer à angle droit derriere le pan - coupé du pilier , on obtient les dimenſions dont on a beſoin pour contenir l'ac-tion d'une coupole dans tous les ſens (10).

Tels ſont les principes généraux qui conſtituent la bonne & ſolide conſtruction des ſupports d'un dôme ſur pendentifs , & leur relation avec ſa tour. Ils ſont abſolument les mêmes que pour l'exécution des bâti-mens ordinaires, où le fort doit toujours porter le foible , où toutes les parties ſupérieures doivent être ſoutenues ſur les inférieures ſans porter à faux ; où tout en un mot doit être élevé depuis les plus baſſes fonda-tions juſqu'au faîte avec empatement , en retraite ou en talud , & de maniere que ce qui porte ait ſans ceſſe un caractere de ſolidité apparente par rapport à ce qui eſt porté. Les piédroits d'une coupole ſont néceſ-ſités à avoir une épaiſſeur proportionnée à l'étendue de la voûte & à ſa pouſſée : le bas des piédroits demande à être acôté à cauſe du change-ment de plan , comme le ſont toutes les fondations. Les quatre points d'appui , c'eſt-à-dire la clef des grands arcs des bras de la croix , ſont obligés d'avoir une hauteur & une largeur correſpondantes avec le poids du dôme & l'épaiſſeur de ſes piédroits ou contreforts : Enfin chacun des gros piliers de l'Egliſe ne peut ſe diſpenſer d'avoir d'abord une largeur poſitive le long de la nef au moins égale à l'arc deſtiné à porter la tour ſur ſon ſommet , c'eſt comme une jambe ſous poutre qui doit monter de fond ſans interruption ; & enſuite d'avoir une épaiſſeur cubique ou

---

(10) Il faut bien ſe garder de confondre les proportions d'un pilier deſtiné à porter un cul de four ou une calotte ſur pendentifs avec celle d'un pilier deſtiné à porter une tour de dôme de même diamétre auſſi ſur pendentifs. Dans le premier cas, en conſtruiſant les voû-tes des bras de la croix en berceau & d'une cerraine épaiſſeur , on peut par ce moyen re-jetter tout l'effort de la pouſſée du cul de four contre les murs des extrémités de l'E-gliſe , comme il a été pratiqué à S. Roch , à S. Sulpice & ailleurs , alors le pilier ne fai-ſant plus que la fonction de porter n'a pas beſoin d'autant de force que dans le ſecond où il eſt d'obligation de porter & de contre-buter à la fois le poids du dôme : c'eſt pour-quoi il ne ſauroit y avoir de comparaiſon.

maſſive,

maffive, capable de s'oppofer, non-feulement au poids extraordinaire, placé directement fur l'arc qu'il foutient, mais encore à celui placé en encorbellement au droit du petit côté de l'octogone. Ce font là les régles que l'on trouve mifes en œuvre, dans les ouvrages des Michel Ange, des Fontana, des Wren, des Manfards & des plus habiles conftructeurs : Il ne fauroit y en avoir d'autres qui ne dérogent au bon fens & à la folidité (11). On en va juger par l'expofé des rapports de conftruction des coupoles les plus eftimées que nous confidérerons, en faifant abftraction de la nature de leurs voûtes, pour généralifer nos principes.

Le dôme de S. Pierre de Rome a 127 pieds de diamétre, avec 16 contre-forts de 21 pieds d'épaiffeur, fans leurs décorations d'Architecture, lefquels font diftants l'un de l'autre d'environ quatre fois leur largeur ; l'épaiffeur du mur, entre ces points d'appui capitaux, eft égale à la faillie des pendentifs, de forte que les contre-forts au-deffus de ces endroits portent à plomb du maffif des piliers, ce qui lie la tour du dôme avec eux. La tour eft élevée fur un grand piédeftal de 27 pieds d'épaiffeur, embraffant tous les murs & les faillies quelconques, tant intérieures qu'extérieures, dont le pied eft contre-venté le long des bras de la croix par une voûte D, *fig. * pl. I.* de près de 7 pieds d'épaiffeur vers la clef : l'arc de la rencontre des bras de la croix a en retour, ainfi que fon piédroit, 29 pieds de largeur, fur près de 57 pieds d'épaiffeur. On peut voir *pl. II, fig. XI.* les rapports des parties fupérieures & inférieures de cet ouvrage (12).

Le dôme de S. Paul de Londres a 102 pieds de diamétre : comme le plan de la rencontre des bras de la croix eft un octogone régulier, la faillie des pendentifs eft peu confidérable dans les angles ; les contre-forts de la tour font au nombre de 24, y compris 8 corps de maçon-nerie cantonnés à plomb des gros piliers, & ont 14 pieds d'épaiffeur,

---

(11) Le Pere Guarini, Architecte Italien, ayant entrepris au commencement de ce fiécle d'élever une vafte coupole pour courouner l'Eglife de S. Philippe de Néri à Turin, & ayant négligé de donner à fes fupports les dimenfions néceffaires, l'on fcait que fa voûte tomba le 30 Mars 1715, peu après fon exécution, & entraîna la chûte de toute l'Eglife.

(12) Ce fut Bramante qui donna le premier deffein de S. Pierre, & l'on peut dire qu'il entreprit ce Monument fans avoir étudié les dimenfions qui convenoient à fes fupports pour porter & contreventer fa coupole : auffi les quatre arcs des bras de la croix furent-ils à peine déceintrés qu'ils menacerent de renverfer les piliers : il fallut doubler leurs proportions ; & ce fut Michel Ange qui, plus éclairé que fes contemporains, eut enfin la gloire de donner à ce premier édifice de l'Univers la folidité qui lui manquoit. Lorfque ce dernier fut chargé de cet important ouvrage, il fit en 15 jours un modèle qui ne couta, dit-on, que 25 écus Romains, lequel fut trouvé fi bien entendu pour la conftruction ; que, bien que la coupole n'ait été exécutée que plus de 30 ans après fa mort, on ne crut pas devoir y rien changer. *Voyez les defcriptions de S. Pierre par Fontana & Bon..*

C

ſans compter trente-deux éperons, d'environ 8 pieds de ſaillie ſur 4 pieds dépaiſſeur ſervant à contreventer le bas de la tour, & qui ſont liés de l'un à l'autre par deux arcs renverſés : on peut remarquer leur diſpoſition ſur le plan en A, *pl. II*, *fig. X*, & leur élévation en A, *pl. I*, *fig. *.* La largeur de l'arc & celle des piliers du dôme le long des bras de la croix, eſt 26 pieds. L'épaiſſeur de ces piliers eſt percée très-induſtrieuſement par les bas-côtés qui ſe réuniſſent de part & d'autres dans chaque angle par un cul-de-four en vouſſure, qui rejette tout l'effort de la partie de la coupole correſpondante contre un gros maſſif qui eſt addoſſé. Il eſt à obſerver qu'on n'a donné une auſſi grande largeur le long de la nef à ces piliers, qu'afin de les mettre en état de porter & de contreventer eux ſeuls tout le dôme, vu que les voûtes des bras de la croix étant conſtruites à la légére & non en berceau, ne pouvoient être d'aucun ſecours à cet égard (13).

Le dôme de la Sorbonne à Paris, *fig. VIII*, *pl. II*, a 38 pieds de diamétre : il a 8 contre-forts de 6 pieds d'épaiſſeur, portés ſur les grands arcs ſeulement, & non ſur les pendentifs : ils ſont diſtans l'un de l'autre d'environ trois fois leur largeur : l'épaiſſeur du mur de la tour du dôme eſt à peu près égale à la ſaillie des pendentifs : le bas de ſon piédeſtal eſt fortifié par une voûte ſolide : l'arc a 6 pieds & demi, & la largeur des piédroits peut être conſidérée comme ayant au-delà de 7 pieds.

Le dôme du Val-de-Grace, *fig. IX*, *pl. II*, a 51 pieds de diamétre, & 16 contre-forts de plus de 8 pieds d'épaiſſeur, eſpacés l'un de l'autre de deux fois & demi leur largeur : l'épaiſſeur du mur de la tour eſt encore égale à la ſaillie des pendentifs, de ſorte que les contre-forts placés au droit des piliers portent, comme à S. Pierre, immédiatement ſur leur maſſif : le bas du piédeſtal eſt contreventé par les voûtes des bras de la croix : l'arc a environ 9 pieds, & la largeur des piliers, eſt de 10 pieds

---

(13) Nous avons entrepris exprès le voyage d'Angleterre pour étudier cet admirable conſtruction, dont nous eſpérons faire part des détails au Public. L'Auteur de ce Monument fut le Chevalier Wren, à la fois grand Géométre & habile Architecte, deux qualités très-compatibles, bien qu'elles ſe trouvent rarement réunies. Les Anglois, pour honorer le mérite de cet homme célébre, lui ont accordé le Privilége excluſif, ainſi qu'à ſa famille, d'être inhumé dans ce Temple. Son Tombeau conſiſte en une tombe avec ſon ſeul nom, auprès de laquelle on lit l'inſcription ſuivante qui eſt d'une ſimplicité vraiment ſublime :

Subtùs conditur
Hujus Eccleſiæ & urbis conditor
Chriſtophorus Wren
qui vixit annos ultrà nonaginta,
non ſibi, ſed bono publico :
Lector, ſi Monumentum requiris
CIRCUMSPICE.
Obiit XXV Feb. Annom DCCXXIII.

Le dôme des Invalides a 73 pieds de diamétre , *fig. VII , pl. II* ; ſes contre-forts ont 10 pieds, & ſont placés à plomb des gros piliers : ſes pendentifs n'ont gueres que 4 pieds de ſaillie : à plomb de la clef des arcs , il y a un piédroit dont l'épaiſſeur eſt environ le dixiéme du diamétre : la tour eſt élevée ſur un ſoubaſſement de 10 pieds d'épaiſſeur, dont le bas eſt contreventré par des arc-boutants au droit du vuide des bras de la croix , & en outre accoté par des voûtes ſolides : on voit en C, *pl. I, fig.* * cet arrangement. Enfin la largeur des piliers de l'Egliſe eſt d'environ onze pieds.

Nous n'avons point parlé de l'épaiſſeur de la plupart des piliers , parce qu'à l'exception de ceux de S. Pierre, l'épaiſſeur des autres n'eſt pas bien diſtincte dans le bas de l'Egliſe, & ſe confond ſoit avec les murs de ſéparation des chapelles , ſoit avec d'autres parties adjacentes entre leſquelles elle ſe trouve comme enclavée. Cependant , ſans beaucoup d'erreur , les piliers du Val - de - Grace peuvent être conſidérés comme ayant plus de 14 pieds d'épaiſſeur ; ceux de la Sorbonne au moins 12 pieds ; ceux des Invalides environ 15 pieds ; & ceux de Saint Paul de Londres , bien qu'ils n'ayent en apparence que 10 pieds , peuvent être appréciés avoir plus de 26 pieds d'épaiſſeur , en les prenant à l'endroit de leur maſſif, c'eſt-à-dire , au-deſſus des arcades qui leur ſont adoſſées , & qui les lient avec les grands corps de maçonnerie où ſont pratiqués des eſcaliers.

TABLE de comparaiſon entre les dimenſions des ouvrages précédents.

	Diamétres. des Dômes.	Hauteurs ſous les Coupoles.	Largeurs des Piliers.	Epaiſſeurs des Piliers.	Epaiſſeurs des Contre-forts.
S. Pierre de Rome.	... 127 *pi* .	.... 310 *pi* .	.... 29 *pī* ..	... 56 ...	... 21 *pi*.
S. Paul de Londres.	.... 102	... 253 ...	.... 26	... 26 ...	... 14
La Sorbonne	... 38 ...	... 104 ...	.... 7	... 12 ...	... 6
Le Val-de-Grace ...	.... 51 ...	... 124 ...	..... 10 ...	... 14 ...	 8
Les Invalides	... 73 ...	... 182 ...	..... 11 ...	... 15 ...	... 10

Il réſulte de tout ce que nous avons dit ſur les proportions des ſupports des coupoles, que l'épaiſſeur des murs du tambour doit être au moins le dixiéme de leur diamétre intérieur ; que l'épaiſſeur des contre-forts , lorſqu'on en admet , roule du ſixiéme au huitiéme de leur diamétre ; & qu'enfin la largeur des piliers deſtinés à porter un dôme

fur pendentifs , eft , fuivant les exemples , depuis le quatriéme de leur diamétre jufqu'au feptiéme inclufivement , quelle que foit la nature de la voûte.
Nous ne connoiffons point de voûtes fphériques ou fphéroïdes de quelque étendue , dont les fupports dérogent à ces régles générales : & nous
ne croyons pas même qu'ils puiffent y en avoir de contraires , parce
qu'elles feroient oppofées aux principes établis de l'équilibre & de la pefanteur , fur lefquels eft fondée la folidité des bâtimens.

ARTICLE SECOND.

*Preuves de la difproportion des piliers de l'Eglife de Sainte Gé-
nevieve , & du peu d'apparence d'y pouvoir élever une coupole
avec folidité.*

Nous avons établi dans l'article précédent , les régles qui conftituent
la folidité des coupoles élevées fur pendentifs , & prouvé que le fuccès
de leur conftruction dépend de la relation de leurs diverfes parties , &
fur-tout de la correfpondance entre la largeur des piliers du rez-de-
chauffée de l'Eglife avec l'épaiffeur des contre-forts ou piédroits du tambour ; préfentement nous allons nous attacher à apprécier , d'après ces
principes , la conftruction de la coupole qu'il s'agit d'élever au centre
de la nouvelle Eglife de Sainte Génevieve , & quelles doivent être les
dimenfions qui conviennent à fes fupports.

Avant de procéder à cet examen , il eft bon de prévenir le Lecteur
qu'il ne doit point être étonné de ce que nous entreprenons de prononcer fur ce dôme , avant qu'il foit exécuté , ou que M. Soufflot , chargé
de cet important ouvrage , ait jugé à propos de produire fes moyens
de conftruction : car en y faifant attention , on s'apercevra qu'il n'eft
befoin , pour eftimer d'avance l'exécution d'un pareil morceau , que d'a-
voir fous les yeux affez de déterminations , à l'aide defquelles on puiffe
parvenir à apprécier celles qu'on ignore. Il en eft de ce problême comme
de tous ceux de Géométrie , ce qui eft connu combiné avec fes rapports ,
fert à déterminer la valeur de l'inconnue , & à manifefter fi cette derniere
eft réelle ou imaginaire : or le diamétre du dôme , & les dimenfions des
piliers qui doivent le porter , étant décidés , on va voir que ces données peuvent , fans erreur fenfible , fervir à déterminer ce qui refte à
conftruire.

Chacun des piliers deſtinés à porter le dôme de **Sainte Génevieve**, n'a véritablement, dans le plan de l'Egliſe, que 3 pieds, 9 pouces de largeur en retour ſur les bras de la croix ; & vers les angles extérieurs de chaque pilier, on a engagé une colonne de 3 pieds, 6 pouces de diamétre par le bas, dont le centre ſaille en dehors de 3 pouces & demi, de ſorte que l'engagement de chaque colonne eſt de près de 18 pouces.

Outre cette largeur, chaque pilier a d'épaiſſeur la diſtance qu'il y a d'un axe de colonne à l'autre, c'eſt-à-dire, 14 pieds, 8 lignes, avec un pan-coupé du côté du dedans du dôme, de 10 pieds & demi. *Fig. III.*

Si l'on conſidére encore ces piliers au regard de la force qu'ils peuvent oppoſer aux pendentifs, on remarquera qu'ils ont dix pieds d'épaiſſeur, depuis le milieu du pan-coupé juſqu'à la pointe oppoſée ; mais qu'à meſure qu'on approche des deux colonnes en retour des bras de la croix, vers le pli du pilaſtre, chaque pilier n'a, ſuivant la direction A B, *fig. III*, que 4 pieds, 3 ou 4 pouces d'épaiſſeur.

Les eſpacements des 4 piliers, & leur forme, font auſſi connoître que le dôme projetté ſera élevé ſur des pendentifs ſaillants de plus de 6 pieds & demi, & aura 63 pieds de diamétre dans le haut, & que les arcades de la rencontre des bras de la croix auront 37 pieds 8 pouces d'ouverture ; de ſorte qu'en leur ſuppoſant une hauteur double de leur largeur, proportion aſſez uſitée en pareille circonſtance, il s'enſuit que la coupole ſera élevée ſur des arcs ayant ſous clef 77 pieds d'élévation environ (14).

Il eſt également aiſé de décrire quelle ſera la coupole. Tous les deſſeins, modèles, gravures, médailles, & les deſcriptions qui ont paru dans le public, ont toujours annoncé qu'il y auroit une tour de dôme, décorée en dehors de colonnes Corinthiennes, de 3 pieds de diamétre environ, diſtribuées, dans ſon pourtour, comme il eſt repréſenté en plan, *fig. V*, avec des avant-corps couronnés de fronton au-deſſus des pendentifs, & qu'il n'entreroit point de charpente dans toute ſa conſtruction : cela étant bien conſtant, on ne pourra gueres donner d'élévation juſqu'à la derniere voûte de couronnement, moins de 2 diamétres $\frac{1}{3}$, pour avoir de la grace à l'extérieur : or, dans cette ſuppoſition, que les gens éclairés ne pourront diſconvenir, devoir être plutôt en deçà

---

(14) Il n'eſt pas inutile d'obſerver que, relativement à la diſpoſition du plan des bras de la croix, *fig. IV*, & au peu d'épaiſſeur des murs pour-tours de l'Egliſe, leurs voûtes ne pourront être exécutées autrement qu'à la légére, & que par conſéquent elles ſeront inutiles pour contrevenrer le bas de la tour du dôme.

de là vérité qu'au de-là, la décoration extérieure du tambour aura plus de 40 pieds d'élévation sans le piédestal. Les *fig. IV & II*, expriment en profil cet arrangement.

La courbe extérieure de la voûte du dôme seroit difficile à déterminer, si elle pouvoit être véritablement arbitraire. Dans une Gravure que l'Architecte a publié de son projet en mil sept cent cinquante-sept, lorsqu'il a mis la main à l'œuvre, on remarque deux voûtes demi-sphériques, dont la supérieure porte sur son sommet un piédestal, & l'inférieure un escalier. En jettant les yeux sur la *fig. II*, on s'appercevra que cet amortissement ne pouvoit manquer de paroître très-bas & très-écrasé en exécution. Ce fut vraisemblablement cette considération qui engagea l'Architecte à produire en 1764, une autre forme de couronnement tout opposée au-dessus de la tour, lequel se trouve consacré par la médaille frappée à l'occasion de la pose de la première pierre de ce monument : Il consiste aussi en deux voûtes, mais dont la supérieure est une ogive très-surmontée, formée par deux arcs au moins de 60 degrés, dont l'extrados est terminé par un plan droit couvert de gradins, au sommet desquels sera élevé une lanterne ou un grand piédestal en pierre, avec cinq figures colossales (15). Avant de passer à l'examen de cette construction qui a été annoncée pour être le vrai projet de l'Architecte ; ne pourroit-on pas faire plusieurs réflexions préliminaires, sur sa singularité. 1°. Ce couronnement est-il admissible pour terminer un Temple ? n'y a-t'il pas une forme analogue à sa destination & consacrée par l'usage de tous les tems & de tous les pays, dont on ne peut gueres s'écarter ? 2°. Est-il vrai que l'on puisse se promettre en exécution quelque succès du racourci produit successivement par la perspective de tous ces gradins, dont la largeur dérobera sans cesse à la vue la hauteur ? 3°. Puisque l'on fait tant que d'affecter en de-hors une tour de dome, d'où vient ne la pas répéter en dedans, à l'exemple de tout ce qui est approuvé en ce genre, pour donner de la grace & de la majesté à l'intérieur de cette Eglise, d'autant que ce défaut seroit facile à corriger en mettant à profit le vuide immense laissé sans aucun sujet, entre les deux voûtes ? 4°. En un mot, dans un morceau de décoration d'aussi grande importance, & fait pour annoncer aux siécles à venir la gloire de nos arts, est-ce là le cas de

---

(15) Dans le *VI Tome* de la derniere édition *des curiosités de Paris*, par Pigagnol, on trouve l'élévation de cet édifice donnée par l'Auteur. Deplus on sait qu'on en a montré publiquement pendant quelque tems un grand modèle en bois : & tous ceux qui connoissent l'Architecte, en ont vu des desseins exposés chez lui

facrifier la beauté de fon enfemble intérieur & extérieur , à un arrangement bifare qui n'a vraifemblablement été imaginé après coup , que dans l'efpérance de favorifer l'infuffifance des piliers pour porter une coupole comme à l'ordinaire ? Mais , fans nous arrêter dans des difcuffions qui , par leur nature, feroient capables d'occafionner de grands changemens dans cet ouvrage, bornons-nous à parler de fon exécution.

Il eft d'expérience qu'une voûte ogive ifolée, & formée par des arcs très-furmontés , dont l'extrados doit être terminée par un plan droit, n'eft point capable de porter fur fon fommet un poids confidérable , attendu que la courbe par fon grand allongement , fait alors dégénérer les arcs en des murs inclinés l'un vers l'autre, qui , outre qu'ils dirigent défectueufement l'action de la pefanteur du fardeau vers les fupports , forment encore un ventre vicieux à caufe de fon inégalité dépaiffeur : auffi prend-on toujours en pareil cas le parti de fubftituer pour la folidité, un vrai cône ou une pyramide dont les côtés portent uniformément dans toute leur hauteur : les exemples font formels à cet égard. Ce n'eft pas tout , la force des fupports de cette prétendue coupole ne paroît pas plus aifé à juftifier que celle de fa courbe. Dans la *fig. II*, on voit en élévation des arcs doubleaux *a* rachetant des lunettes *b* dans la voûte fupérieure , à deffein fans doute de leur faire porter feuls tout le poids du couronnement, & de foulager en conféquence les parties de mur comprifes dans leur intervalle , & par leur difpofition *c* en plan *figure V,* l'on s'apperçoit que ces points d'appui capitaux auront à peine la même épaiffeur du mur , fans aucune faillie en dehors comme de coutume , & ne correfpondront ni vis-à-vis des colones , ni vis-à-vis des corps avancés X qui pouvoient les fortifier ; c'eft-à-dire que ce feront des arcs doubleaux qui feront la fonction de contre-forts fans en avoir la proportion , & qui, bien loin de fervir à fortifier la tour , fe trouveront au contraire plus foibles que le refte de fon mur. Cet arrangement paroit fi contradictoire à ce qui s'obferve d'ordinaire, que nous croyons inutile de nous y arrêter davantage.

C'eft pourquoi, au défaut de projets connus , véritablement raifonnés pour la décoration & la conftruction de cette coupole, nous ne pouvons dans notre examen nous difpenfer de nous en tenir à la maniere ufitée de terminer ces fortes d'ouvrages : & dans l'intention de confidérer la pouffée fous le point de vue le plus avantageux , bien que ce foit un fait conftant que le projet a toujours été jufqu'ici de couronner ce Mo-

nument par une double voûte, nous suppoferons qu'il n'y en aura qu'u-
ne feule extérieure, conftruite en briques, d'une courbe approuvée capable de faire un bon effet au-deffus de la tour en dedans & en dehors,
en un mot, approchante de celle propofée par Fontana d'après les meilleurs modèles, avec deux pieds d'épaiffeur réduite au droit de la demie-
voûte, ce qui ne feroit qu'environ 18 pouces vers le col du piédeftal ou
de la lanterne. Nous avons rendu raifon, dans l'article précédent, de cette
épaiffeur qui eft démonftrative par la pratique & la théorie.

Ainfi le diamétre du dôme étant connu, la hauteur de fa tour, l'épaiffeur & la forme d'une de fes voûtes par approximation, il fera aifé, à
l'aide de ce qui a été dit dans l'article précédent, de trouver les puif-
fances en équilibre avec la pouffée, & enfuite de décider fi les gros piliers de l'Eglife ont les dimenfions requifes pour porter fûrement cet ouvrage.

Attachons-nous d'abord à trouver les réfiftances qu'il conviendra
d'oppofer à l'action de la coupole. Fera-t'on les murs de la tour uniformément épais dans tout leur pourtour, ou bien y diftribuera-t'on des
contre-forts vers lefquels on rejettera fon poids & fa pouffée ?

Dans le premier cas, nous avons vu qu'il y avoit deux façons de déterminer cette épaiffeur. Si l'on adopte la régle de Fontana fondée fur
tous les exemples, laquelle indique de donner le dixiéme du diamétre
intérieur à l'épaiffeur de la tour, il faudra 6 pieds, 4 pouces, attendu
qu'il eft de 6⅓ pieds. Si l'on fe fert au contraire des principes établis pour
la pouffée, dont il a été fait précédemment l'application à la même voûte, nous avons prouvé qu'il falloit au moins 6 pieds d'épaiffeur de mur ;
lefquelles mefures données par la pratique & la théorie étant approchant
les mêmes, il s'enfuit qu'en fe fervant réciproquement de preuves, elles
manifeftent bien clairement qu'on ne fauroit donner, pour obtenir une
folidité fuffifante, moins de 6 pieds, 3 ou 4 pouces aux piédroits de la
tour du dôme de Sainte Génevieve.

Mais ce ne fera pas affez de donner une épaiffeur convenable à la tour,
elle ne pourra fe foutenir qu'autant que l'on contreventera fon pied à
caufe du changement du plan circulaire en celui d'un octogone irrégulier ;
& comme il n'eft pas poffible de s'aider pour cela des voûtes des bras
de la croix, vu qu'elles ne peuvent être exécutées qu'à la légére, il conviendra d'employer, foit des contre-forts, foit des arcs-boutans, foit
de bons empatemens. En fuppofant, comme une circonftance très-favorable

(25)

vorable, que les colones deftinées à décorer le dehors du tambour feront à demi-engagées, & que les 2 pieds dont elles augmenteront, y compris la faillie de leur bafe, l'épaiffeur du piédeftal au-delà des 6 pieds 4 pouces, feront fuffifants pour cela, il eft évident que l'épaiffeur vers le pied fera d'environ 8 pieds 4 pouces. Nous difons comme une circonftance très-favorable, parce que 2 pieds d'empatement ne doivent pas paroître affez pour accoter les fondations du piédroit d'une voûte de 10 toifes $\frac{1}{2}$ de diamétre. Perfonne n'ignore que dans tous les bâtimens, on donne d'ordinaire de largeur, fans même y avoir de voûte, la moitié en fus de l'épaiffeur du mur hors de terre : or, fuivant cette régle, le mur qui foutiendra la coupole en queftion devant être de plus de 6 pieds, il lui faudroit au-delà de 9 pieds d'épaiffeur dans le bas & non 8 pieds 4 pouces.

Il eft à obferver que l'épaiffeur du mur que nous venons de fixer ne regarde que les parties du dôme correfpondantes aux grands arcs, & qu'à plomb des pendentifs qui auront plus de 6 pieds $\frac{1}{2}$ de faillie, le projet eft d'y joindre des corps avancés, tant pour contre-balancer le poids extraordinaire porté en bafcule en cet endroit, que pour lier la tour avec les gros piliers. On peut voir dans la *fig. V*, *pl. I & II*, la diftribution extérieure de ce plan qui eft d'accord dans fon pour-tour avec la décoration annoncée par les deffeins & la médaille, & qui, à l'épaiffeur des murs près que nous avons fixé au dixiéme du diamétre fuivant la régle, ne fauroit s'écarter du plan de l'Architecte.

Dans le fecond cas, où l'on defireroit des contre-forts diftribués autour du tambour, procédé que nous eftimons préférable au précédent, à caufe de l'étendue du dôme & des raifons déduites dans l'article I; pour parvenir à connoître leur épaiffeur, il feroit à propos de calculer l'effort que la portion de voûte correfpondante peut opérer contre chacun : mais comme la difpofition extérieure du plan porte à croire que ce n'eft pas l'intention de l'Architecte, & qu'il préférera des murs d'une épaiffeur uniforme au-deffus du vuide des bras de la croix, à deffein de favorifer le peu de largeur de fes piliers, nous nous bornerons à envifager cette partie de la tour fous ce point de vue dans tout le refte de ce Mémoire.

Paffons maintenant à l'examen des dimenfions des piliers qui doivent porter la coupole. Le piédeftal de la tour devant être foutenu par la clef des arcs formant la réunion des bras de la croix & fur les pendentifs le long dés petits côtés de l'octogone, il eft conftant qu'on ne peut fe

D

difpenfer de donner à ces points d'appui une largeur & une épaiffeur en rapport avec le fardeau. De crainte de confondre, examinons d'abord quelles doivent être les proportions des gros piliers en retour le long des bras de la croix, pour porter le dôme, & enfuite nous verrons celles qui leur font néceffaires vis-à-vis des pendentifs.

Premierement, la partie de la tour correfpondante à la clef des arcs ayant 8 pieds 4 pouces, il faudra donc conftruire ces arcs en bonne pierre dure à caufe du grand fardeau qu'ils porteront, & leur donner à chacun environ 9 pieds de largeur, de même qu'aux retours des bras de la croix deftinés à leur fervir de piédroits, conformément aux préceptes de l'art de bâtir, qui exigent que ce qui eft porté s'éléve en retraite au-deffus de ce qui porte. Mais ce ne feroit pas affez que ces piédroits euffent une largeur fuffifante, il leur faudra encore une épaiffeur qui les fortifie, de maniere à contreventer fûrement ce qu'ils auront à foutenir, &, vû l'immenfité de la charge qui fera de plufieurs millions de livres pefant; il eft à propos que cette épaiffeur foit pleine, entiere, & fans aucun vuide capable d'altérer fa force. Les piédroits ayant 57 pieds d'élévation, l'arc étant un plein ceintre de 38 pieds de diamétre avec trois pieds de hauteur de clef, laquelle hauteur eft affurément la moindre que l'on puiffe donner en femblable rencontre, on trouve par les calculs 8 pieds 9 pouces pour l'équilibre, & qu'en faifant entrer en confidération l'épaiffeur des reins de cet arc, qui contribuera à le fortifier, & le poids de la partie de la tour portant fur fa clef, ce pilier aura befoin d'une épaiffeur uniforme de 12 à 13 pieds : or on voit par l'examen du plan des piliers de cette Eglife, que leur largeur eft feulement de 3 pieds 9 pouces ; par conféquent elle n'eft donc point faite pour recevoir un arc de 9 pieds de largeur, dont on ne peut fe paffer pour foutien de la tour du dôme, & il lui manque 5 pieds 3 pouces, fur 13 pieds d'épaiffeur, pour remplir cet objet. Quant à la colonne engagée dans l'angle que nous n'avons pas confidéré comme faifant partie du pilier, il eft évident qu'elle ne lui procure qu'une apparence factice de largeur au-delà des 3 pieds 9 pouces ; par la raifon que la largeur du piédroit d'une voûte eft nulle, à moins qu'il n'ait en même tems dans toute fa hauteur une épaiffeur fuffifante pour réfifter à la pouffée ; & comme il n'y pas d'épaiffeur de mur derriere la partie de la colonne qui n'eft pas engagée, il réfulte qu'elle ne fauroit contreventer une portion d'arc correfpondante, & que la faillie de la colonne n'eft qu'un mafque incapable d'augmenter la force du pilier.

Secondement , fi l'on compare l'épaiſſeur de ce pilier , du côté de l'intérieur du dôme, avec la ſaillie des pendentifs, on s'appercevra par le plan que , comme ils auront plus de 6 pieds & demi d'encorbellement le long du petit - côté de l'octogone, ils feront obligés de porter au moins 14 pieds de longueur de la tour ſur 40 pieds de hauteur ſans la voûte. Il n'eſt pas douteux que ce poids énorme tendra également de ſon côté à renverſer le pilier , à moins qu'il ne ſoit d'une force convenable. Dans les exemples , cette épaiſſeur ſe trouve ſouvent 2 à 3 fois plus conſidé-rable que la ſaillie des pendentifs reſpectifs ; c'eſt pourquoi , dans le cas actuel , en ſuppoſant l'épaiſſeur du pilier une fois & demie la ſaillie des pendentifs, c'eſt-à-dire 10 pieds , nous ne pouvons être ſuſpect d'exagé-ration : or le pilier en queſtion a véritablement au droit du ſommet du triangle à peu près l'épaiſſeur déſignée ; mais à meſure qu'on approche de ſes deux autres angles, cette épaiſſeur diminue au point que vers le pli du pilaſtre A B , *fig. III*, à peine ſe trouve-t-il 4 pieds 3 pouces. On de-meurera de plus en plus convaincu que cette dimenſion n'a point de rap-port avec la force qu'exige un encorbellement de plus de 6 pieds & demi , chargé d'un gros mur , en faiſant attention comment porte le plan de la tour du dôme ; car on s'appercevra qu'au-deſſus de ces piliers , il y aura des eſpéces de contre-forts X , *fig. V*, qui , à cauſe de leur manque de proportion , excéderont leur maſſif, & que comme , entre ces contre-forts , il y aura une croiſée Z , l'effort de la tour ſur les pendentifs agira uniquement ſur les parties foibles du pilier , parce que le vuide répondant à ſa plus grande épaiſſeur , celle - ci deviendra inutile pour ſa ſolidité. Il arrivera delà que l'effort de la maſſe de la tour ſur les pendentifs , à raiſon de leur appareil, tendra de part & d'autre à écar-ter les naiſſances des arcs, leſquels étant ſuppoſés aſſez ſolides , détrui-ront l'action dans ce ſens ; mais il en reſtera un autre qui tendra à faire gliſſer la partie du pendentif excentriquement , & à renverſer le piédroit ſuivant cette direction , à cauſe des joints verticaux dont les coupes tendront par le plan vers l'axe du dôme. Cette derniere action fera donc ſon effort ſur les parties foibles du piédroit A B , *fig. III*, comme ſi elle étoit appliquée à un levier plus grand que la hauteur du pilier , & dont la longueur ſe détermineroit par l'interſection d'une perpendiculaire qui lui feroit menée du bas extérieur dudit pilier ; or il eſt évident qu'un poids de 500 milliers , qui fera au moins celui de la partie du dôme qui répondra à ces endroits foibles , agiſſant en baſſecule ſur un levier de plus de 60 pieds, ne trouvera pas une réſiſtance aſſez grande dans l'épaiſſeur 4 pieds 3 pouces du pilier, puiſque nous avons vu ci-devant, qu'une partie de voûte de 38 pieds d'ouverture & de 3 pieds d'épaiſſeur de clef, agiſſant de la même maniere ſur des piédroits de 57 pieds de hauteur, a donné 8 pieds 9 pouces pour l'équilibre; donc il faudroit plus de 8 pieds 9 pouces vers le pli du pilaſtre pour réſiſter ; & il n'y a réellement que 4 pieds 3 pouces. Cette reflexion, jointe à la précédente, prouve clairement l'inſuffiſance de ces ſupports pour porter un dôme, & qu'ils ſe déroberont de tous côtés à ſon effort, au lieu de s'y oppoſer, comme il ſeroit néceſſaire.

Pour faire ſentir, indépendamment de tous les raiſonnements, le peu d'apparence de pouvoir faire ſoutenir une coupole ſur ces piliers, quelle que ſoit la nature de ſa voûte ou de ſes voûtes, il n'y a qu'à, d'une part, placer ſur leur plan celui de la tour de l'Egliſe en queſtion, avec les épaiſſeurs de mur & la ſaillie du piédeſtal, faiſant enſemble 8 pieds 4 pouces, *fig. V* ; & d'une autre part, appliquer auſſi le plan de la tour de tous les dômes que l'on jugera à propos, ſur celui de leur rez-de-chauſſée ; alors on demeurera perſuadé qu'autant il y a de correſpondance dans tout ce qui eſt exécuté en ce genre entre leurs ſupports reſpectifs, pour former de bons empattements capables de favoriſer la ſolidité, autant le dôme de Sainte Génevieve, dont le plan de la tour excédera de toutes parts les piliers ſera arrangé contradictoirement à ces ouvrages (16). Ce qui frappera ſur-tout, ſera de voir que les largeurs des piliers des dômes élevés ſur pendentifs, ont toutes un certain rapport avec leur diamétre, lequel rapport s'étend, comme il a été dit dans l'article précédent, depuis le quart juſqu'au ſeptiéme au plus, tandis que la largeur du pilier de l'Egliſe dont il s'agit, n'eſt que le ſeiziéme de ſon diamétre.

En effet le dôme de Saint Pierre a 127 pieds de diamétre, avec des piliers de 29 pieds de largeur.

Le dôme de Saint Paul de Londres a 102 pieds, & des piliers de 26 pieds de largeur.

Le dôme du Val-de-Grace à Paris a 51 pieds, & des piliers au moins de 10 pieds de largeur.

LUCRECE *Liv. IV.* v. 516, a décrit en beaux Vers que l'on diroit faits exprès pour le ſujet que nous traitons, & qui peuvent très-bien lui convenir pour Epigraphe, ce que l'on doit attendre d'une ſemblable conſtruction.

..... *In Fabricâ, ſi prava eſt regula prima,*
Normaque ſi fallax rectis regionibus exit ;
Et libella aliquâ, ſi ex parte claudicat hilum,
Omnia mendoſe fieri, atque obſtipa neceſſum eſt ;
Prava, cubantia, prona, ſupina, atque obſona
tecta,
Jamruere, ut quædam videanturvelle, ruantque,
Prodita judiciis fallacibus omnia primis.

Le dôme de la Sorbone a 38 pieds , & des piliers de 7 pieds de largeur.

Le dôme des Invalides a 73 pieds , & des piliers de 11 pieds de largeur (17): & , par proportion à ces modèles & à ceux qu'il plaira y joindre , le dôme de Sainte Génevieve , qui fera de 63 pieds de diamétre , n'aura que des piliers de 3 pieds 9 pouces. On peut voir dans les *figures VI, VII, VIII, IX, X & XI. Pl. II*, les rapports des plans des tours de dôme de ces Edifices , avec ceux des gros piliers deftinés à les porter.

Ajoutez à ces comparaifons que les piliers de tous ces exemples font accotés par les murs des bras de la croix, des bas - côtés & des féparations des Chapelles , au lieu que ceux de l'Eglife en queftion font ifolés au milieu de colonnades , & fans pouvoir tirer de fecours direct de toutes les parties adjacentes : il eft néceffaire , qu'à caufe de leur pofition , ils faffent à la fois la fonction de piles & de culées , & qu'ils fe fuffifent abfolument à eux-mêmes , foit pour porter , foit pour contre - buter la voûte du dôme : circonftances tellement défavantageufes qu'elles auroient dû engager à augmenter les dimenfions qu'on a coutume de donner à ces piliers , plutôt que de les tenir deux & trois fois moins confidérables.

Voilà donc le pilier bien prouvé n'avoir par lui-même aucun rapport avec l'action que le dôme doit opérer contre lui , foit au droit des arcs , foit au droit des pendentifs , c'eft pourquoi il ne nous refte plus qu'à faire voir fi , au défaut de force réelle , on peut fe flatter du moins de lui procurer des fecours véritables de quelqu'une de fes parties adjacentes.

Efpérera-t-on tirer des forces du pan-coupé V , *fig. VI.* du mur extérieur , & y établir des arc-boutans fuffifants (18) pour contenir l'effort de la tour au droit du petit-côté de l'octogone ? mais cela feroit

---

(17) Voici encore quelques proportions de piliers portant des coupoles que nous nous rappellons.

La coupole de l'Eglife de Saint Georges à Venife , exécutée par Palladio , a environ 36 pieds de diamétre , & des piliers de 7 pieds en quarré pour la porter.

La coupole de l'Eglife de Saint Nicolas de Tolentin à Rome , a 31 pieds & 10 pieds de largeur de pilier.

La coupole de l'Eglife neuve des Peres de l'Oratoire , auffi à Rome , a 47 pieds de diamétre , & des piliers de 10 pieds de largeur.

(18) Des Arc-boutans placés ainfi derriere l'encorbellement , feroient d'ailleurs d'un bien foible fecours , attendu qu'il n'eft point queftion ici de contenir feulement une pouffée de voûte ordinaire , mais de foutenir à la fois l'effort d'un corps de Maçonnerie immenfe , agiffant de tout fon poids perpendiculairement & en baffecule : ce ne font que des maffifs cubiques directs qui puiffent contrebalancer ce fardeau , & opérer un effet efficace dans cette circonftance & non un arc-boutant Il ne faudroit que faire un profil au droit du pli du pilaftre pour s'en convaincre.

contraire à une bonne conſtruction. Quelle ſolidité en effet pourroit-on attendre d'un mur ouvert de toutes parts dans une hauteur de 36 pieds, d'abord au rez-de-chauſſée par un large corridor qui réduit l'épaiſſeur du mur de dehors à environ 2 pieds, puis au-deſſus par 3 grandes croi-ſées qui décompoſent ſa force dans d'autres ſens, comme on en peut juger par le plan ? A-t-on jamais vu juſqu'ici le piédroit d'un contre-fort ou arc-boutant, deſtiné, nous ne diſons pas à contreventer l'ac-tion d'un dôme, mais d'une voûte quelconque, évidé comme un coffre ? Son eſſence n'eſt-elle pas d'être un maſſif, un véritable cube, en un mot, une vraie jambe ſous-poutre que rien ne doit altérer ? Se permettroit-on ſeule-ment de poſer la moindre ferme de charpente dans un bâtiment ordi-naire à plomb du vuide d'une croiſée ? & n'affecte-t-on pas toujours au contraire de la placer ſur un trumeau ? Donc à plus forte raiſon un arc-boutant de l'importance dont il s'agit demande-t-il d'être élevé ſur un plein ? Il n'y a perſonne qui ne puiſſe décider la nullité d'un pareil point d'appui.

Envain prétendroit-on encore augmenter la largeur du pilier par le haut, en propoſant d'avancer juſqu'à la colonne d'angle C, *fig. III*, les murs Y, *fig. VI*, placés au-deſſus de la file des colonnes, à deſſein de leur faire contrebuter une largeur de 18 pouces de l'arc au-delà des 3 pieds 9 pouces ; car, indépendamment de ce que le pilier ſe trouveroit alors plus épais par le haut que par le bas, ce qui feroit contraire à la conſtruction ordinaire de tous les bâtiments, laquelle s'élève toujours en retraite, il eſt aiſé de s'appercevoir que par leur nature, ces murs n'au-ront pas la ſolidité convenable pour remplir cet objet. En effet, ces murs Y, devant être percés dans leur hauteur par les croiſées T, T, T qui éclai-reront les voûtes des bras de la croix, ainſi que par les entrées des tri-bunes, & de plus étant guindés à 40 pieds de terre ſur des plate-bandes, il n'eſt pas concevable comment dans cet état de foibleſſe, ils pourroient faire l'office de contre-forts ; & ſi c'étoit l'intention de l'architecte, il au-roit fallu du moins aſſurer toutes les extrémités de chacun d'eux par de bons piédroits, & n'en pas excepter : car, ſi l'on ſuit le plan des deux files de colonnes qui aboutiſſent au chevet de l'Egliſe, on s'apercevra que vers ce chevet, il ne ſe trouve au rez-de-chauſſée aucun mur dans leur direction pour les recevoir, c'eſt-à-dire que bien-loin de pouvoir contenir une partie de l'arc, à l'aide de ces deux murs, à peine ſe-ront-ils en état de ſe ſoutenir eux-mêmes vers leurs extrémités.

Mais , quand bien même on fuppoferoit , contre toute apparence de folidité , que ce mur pût fervir à contreventer 18 pouces de l'arc au-delà de la largeur du pilier , comme nous avons fait voir que cet arc feroit d'obligation d'avoir 9 pieds , il eft manifefte qu'il y aura toujours une partie d'environ 3 pieds 9 pouces , qui débordera la colonne fur 14 pieds , dont le fupport ne fauroit être juftifié.

Peut-être alléguera-t-on , que pour obvier au défaut de proportion des piliers , on conftruira le grand arc en pierre de toute la largeur de l'entre-colonnement , au lieu de le borner à l'épaiffeur de la tour ; mais la grande difficulté fera de faire porter les reins de cet arc ; & fi , dans l'impoffibilité manifefte de les faire affeoir directement fur le plafond de l'entre-colonne , on s'avifoit par le moyen de quelque lunette W, *fig. IV* & *VI* , faifant une efpéce de voûte d'arrête ou d'arceau en décharge , d'ouvrir lefdits reins pour rejetter le poids à droite & à gauche fur les colonnes , alors il n'y auroit plus de folidité. Car c'eft l'épaiffeur feule des reins qui peut faire en cette circonftance toute la force de cet arc , & qui le rendra capable de réfifter à fa charge immenfe qu'il aura à foutenir. Ce feroit une erreur de croire pouvoir traiter un arc de cette conféquence comme une voûte légére qui ne doit rien porter , & où l'on peut fe permettre toutes fortes de percés. Ne défaprouveroit - on pas le projet de pratiquer de larges ouvertures dans le flanc de la culée d'un pont , comme devant lui ôter fa réfiftance ; or notre cas eft tout femblable ; l'arc joint au pilier eft , vû fa pofition , une véritable culée deftinée à foutenir & contre-buter tout le poids du dôme. Propofer de l'évider , ce feroit vouloir lui ôter toute fa force , & le mettre hors d'état de remplir l'objet propofé : auffi ne fubfifte-t-il aucun exemple de conftruction où l'on en ait ufé de cette maniere. On a reproché à Bramante d'avoir pratiqué de petits efcaliers au milieu des gros piliers de l'Eglife de S. Pierre : les premiers Mathématiciens & Architectes d'Italie affemblés en 1743 , pour avifer aux moyens de remédier aux lézardes qui s'étoient ouvertes de toutes parts dans la tour du dôme de Saint Pierre , les attribuerent unanimement au petit corridor E, *fig.* * , *pl. I* , pratiqué dans le grand piédeftal qui éléve la tour. Mais , fuivant l'arrangement que nous difcutons, la circonftance feroit bien autrement grave , puifque c'eft la voûte même de l'arc qui doit porter fur fa clef le dôme de Sainte Génevieve , dont il s'agiroit d'ouvrir ou de fupprimer la plus grande partie des reins , & cela précifément dans l'endroit W , où fe fera la principale action de la pouſſée. Cette réflexion ſeule peut convaincre qu'un pareil moyen, ne pouvant être admiſſible, il y a conſéquemment impoſſibilité de faire porter l'arc d'une maniere ſolide, au-delà de la largeur du pilier ſur l'entre-colonnement (19).

On pourroit ajouter, s'il en étoit beſoin, la ſpéculation du peu d'ap-

(19) Nous ne parlerons pas des arcs placés en enfoncement le long des bras de la croix, bien qu'ils paroiſſent pouvoir contribuer à accôter dans ce ſens les piliers par le haut, par la raiſon que la lunette W étant décidée inexécutable, leur utilité ne ſauroit être réelle.

Comme quelqu'un pourroit être porté à croire qu'à l'aide de cercles de fer placés autour d'une coupole, il ſeroit aiſé de diminuer ſa pouſſée, & conſéquemment l'épaiſſeur de ſes ſoutiens, il ne ſera pas inutile de faire voir ce que l'on peut eſpérer à cet égard. Le fer ne doit jamais être employé dans un édifice deſtiné à paſſer à la poſtérité, comme un agent principal, & pour ſuppléer à des empattements, à des contre-forts, à des épaiſſeurs de murs ; mais il doit toujours être employé au contraire, comme un moyen précaire, un moyen de ſurérogation, & une ſurabondance de force. La raiſon en eſt que, par ſa conſtitution, il n'eſt pas fait pour être de longue durée ; la rouille l'altère au bout d'un tems, & paſſe même, en augmentant ſon volume, pour faire éclater la pierre où il ſe trouve renfermé. Les mouffles qui lient les tirans ſont toujours un endroit très-foible ; ſes pores ſe reſſerrent ou s'étendent ſuivant le chaud ou le froid. D'ailleurs il n'eſt pas vrai que le fer acquiert de la conſiſtance à raiſon de ſa groſſeur : il s'en faut bien qu'un barreau double du volume d'un autre, ait pour cela le double de force. Les expériences prouvent à la vérité qu'un fil de fer rond d'une ligne de diamétre, (**) bien étiré, peut ſoutenir un effort d'environ 490 liv. peſant; mais elles font voir auſſi que dans un barreau de 18 lignes de gros, par exemple, chaque élément d'une ligne quarrée de fer ne réſiſte gueres en commun qu'à un effort de 40 livres peſant, & que cet effort diminue toujours à proportion que la groſſeur du barreau augmente. Cette grande diminution de force provient de ce que plus les fers acquierent de diamétre, plus il devient difficile de les forger, & de condenſer avec le marteau ſuffiſamment leur intérieur.

Il n'y a pas de conſtruction de dôme où l'on n'employe quelques cercles de fer : on en met au col de la coupole, vers ſon impoſte, & quelquefois auſſi vers ſon milieu, mais cela n'empêche jamais qu'on ne place des murs ou contre-forts ſuffiſants pour contenir la pouſſée, & qu'on ne donne ſur-tout une bonne épaiſſeur au retour des piliers le long des bras de la croix : on ne connoît point d'exemples où l'on en ait uſé autrement. Lors de la conſtruction de la coupole de Saint Pierre de Rome, il fut mis quatre forts cercles de fer indépendamment de ſes 16 contre-forts de 21 pieds d'épaiſſeur ; & malgré ces précautions, on ſait qu'elle s'eſt lézardée de toutes parts : autour du dôme de Saint Paul de Londres, il y en a pluſieurs ; mais cela n'a pas empêché qu'on ne l'ait contreventé par 24 contre-forts arc-boutés par des éperons : on a vu auſſi que Fontana indique de mettre trois cercles de fer O dans la partie inférieure d'un dôme.

Les cercles de fer dont on environne une coupole, ont principalement pour objet de réſiſter à la premiere impulſion de la pouſſée, lorſqu'on lâche la voûte de deſſus les ceintres ; de donner le tems au mortier de bien faire ſa priſe, ainſi qu'à toutes les parties de la conſtruction d'opérer ſa compreſſion, de ſe convenir réciproquement, de prendre peu-à-peu leur faix & leur direction vers les contre-forts, ou les points d'appui capitaux : ils ne peuvent avoir d'autre fonction. C'eſt la perfection de l'appareil des pierres, l'excellence du mortier, la bonne proportion des ſupports, & leur relation avec la pouſſée des voûtes qui doit faire la force d'un édifice dont on veut éterniſer la durée : en uſer autrement, la faire dépendre abſolument d'une force artificielle, comme eſt celle d'un cercle de fer, ce ſeroit ſans doute compromettre ſa ſolidité.

(**) Voyez les expériences de Muſembrock dans ſa *Phyſique*, & celles de M. de Buffon, dans l'*Art du Serrurier*, publié par l'Académie Royale des Sciences.

parence

parence de pouvoir faire porter fur deux colonnes la plus grande partie de l'arc chargé du dôme. En effet, comment fe perfuader que des colonnes de pierre de 3 pieds de diamétre dans le haut, & furtout celle qui eft tout à fait ifolée, dont les tambours ne font pas même entretenus entre eux par aucun axe de fer, comme de coutume, foient en état de foutenir & de contrebuter un tel fardeau, fans que les tambours s'écrafent, ou au moins fe dérangent par l'effort même de la pouffée qui agit toujours à raifon de la longueur des leviers, tandis que l'on voit de très-gros maffifs être à peine fuffifants pour remplir cet objet (20).

Récapitulons le nombre des porte-à-faux qui ont paffé en revue fucceffivement, à l'occafion de l'infuffifance des piliers, pour foutenir une coupole.

4 . . Porte-à-faux Z, *fig. V*, occafionnés par le fupport de la tour en encorbellement au droit des petits-côtés de l'octogone, comme de coutume.

4 . . Porte-à-faux formés par le ventre S, *fig. V & VI*, de la tour, qui ne peut être contre-venté en aucune maniere vis-à-vis des voûtes des bras de la croix, à caufe de leur conftruction à la légere & du manque de largeur des piliers.

8 . . Porte-à-faux au-delà du maffif des piliers, occafionnés par chacun des angles X, *fig. V*, des corps avancés de la tour du dôme.

8 . . Porte-à-faux fur les entre-colonnements W, *fig. VI*, foit qu'on leur faffe porter la retombée des reins des arcs, foit qu'on fupprime lefdits reins.

2 . . Porte-à-faux de la part des deux murs Y, *fig. VI*, placés fur des platebandes du côté du chevet de l'Eglife, lefquels n'ont dans leur direction, vers leurs extrémités, aucun corps pour les recevoir.

4 . . Porte-à-faux V, *fig. VI*, fous les piédroits des arcs-boutants que l'on pourroit croire indifpenfables pour contenir l'effort des pendentifs.

Total 30 Porte-à-faux.

C'eft préfentement qu'on doit fentir la vérité de ce que nous avons

(20) Il y auroit une réflexion très-importante à faire fur la colonne d'angle C, *fig. III*, qui eft engagée dans le pilier ; c'eft qu'au lieu d'augmenter la force de l'arc, comme on pourroit être porté à le croire, elle fervira à l'affoiblir, à caufe de fa pofition finguliere : car elle obligera de divifer fon intrados Z, *fig. IV*, & de le faire reffauter de plus de 2 pieds au droit de la clef, qui eft le point d'appui capital de la coupole, tandis que l'intérêt de la conftruction d'un arc auffi chargé demanderoit au contraire que tous fes vouffoirs fuffent réunis, tant par le haut que par le bas, pour ne point décompofer fa force. Les conftructeurs conviendront qu'un tel refaut ne fauroit être que préjudiciable en cette rencontre.

E

avancé dans notre *Avant-propos*. Le bas de la tour du dôme de Ste Génevieve ayant été prouvé ne pouvoir avoir moins de 8 pieds d'épaiſſeur, & la largeur du pilier, deſtinée à le porter, ne pouvant évidemment être ſecourue que par des porte-à-faux, il s'enſuit donc que le cas reſte tout ſemblable à celui d'un mur iſolé de 3 pieds, 9 pouces d'épaiſſeur, & de 80 pieds de haut, auquel nous l'avons comparé, ſur lequel on propoſeroit de conſtruire un mur de plus de 8 pieds d'épaiſſeur & de 40 pieds d'élévation, avec l'obligation de faire encore ſoutenir, à l'extrémité de ce dernier, la pouſſée d'une ou de deux grandes voûtes : la parité eſt la même.

Enfin, en voyant l'inſuffiſance démontrée des piliers élevés, peut-être croira-t'on, qu'en faiſant le ſacrifice de la coupole annoncée, ainſi que de la décoration de tout le morceau milieu, l'on pourroit y ſubſtituer une calotte ou un cul-de-four ; mais, outre que ce ſeroit détruire la grace extérieure de cet édifice, & tromper l'attente du public à cet égard, il n'y auroit pas beaucoup à gagner dans ce nouvel arrangement. Toute la difference ſeroit que les arcs, au lieu de porter la tour du dôme, contreventeroient directement, au droit de leur clef, la pouſſée de la voûte du même dôme : cela ne pouvant être autrement, il faudroit donc que ces arcs, & par conſéquent les retours des piliers qui les recevroient, euſſent la largeur déterminée par les formules pour réſiſter à cette action, c'eſt-à-dire au moins 7 pieds. Le ſeul moyen de ſe paſſer de cette largeur, ſeroit de faire enſorte de reporter l'effort de la pouſſée du cul-de-four le long des voûtes des bras de la croix, juſqu'aux murs qui les terminent, ainſi qu'on le pratique d'ordinaire (21) ; mais alors il ſeroit néceſſaire de conſtruire ces voûtes d'une certaine épaiſſeur dans toute leur longueur en forme de berceau, & non à la légére, comme on ne peut s'en diſpenſer. Or cette conſtruction de voûte en berceau n'eſt pas praticable à Sainte Génevieve, tant à cauſe des colonnes qu'il faudroit ajouter dans les retours des bras de la croix, pour ſupporter le berceau, que par rapport à l'obligation où l'on ſe trouveroit de contenir ſon action par des piliersbutans appuyés contre les murs pourtours de l'Egliſe, leſquels ne ſont aucunement diſpoſés, non plus que leurs fondations, pour en recevoir. C'eſt pourquoi les voûtes des bras de la croix ne pouvant, à raiſon de

---

(21) Dans les Egliſes de Saint Sulpice, de Saint Roch à Paris, & dans toutes celles où l'on a élevé des calottes ou des voûtes en cul-de-four au centre des bras de la croix, on peut remarquer que c'eſt de cette façon qu'on a contreventé la pouſſée, & cela ne ſauroit être autrement, à moins de donner aux piliers une épaiſſeur ſuffiſante,

la forme du plan , être conftruites d'un bout à l'autre d'une force fuffifante pour réfifter à une pouffée , & faire l'office d'un contrefort hori-
fontal , on ne peut pas plus faire contreventer un cul-de-four par la largeur 3 pieds 9 pouces des piliers de l'Eglife dont il s'agit , que leur faire
porter un dôme.

CONCLUSION.

AINSI , de quelque façon que l'on veuille confidérer l'exécution de
la coupole promife au centre de l'Eglife de Sainte Génevieve , il feroit
difficile de la juftifier ; la pratique & la théorie , les exemples mis en
parallele , & les démonftrations Mathématiques s'accordent à prouver que
les piliers déjà élevés font d'une difproportion trop manifefte pour la
porter ; qu'ils fe déroberont de tous côtés dans le bas à fon poids & à
fa pouffée , au lieu de former des empattemens , & de s'élever en laif-
fant de bonnes retraites au pied de la tour , comme la folidité le requiert ;
qu'en outre la maffe cubique qui leur manque ne fauroit être fuppléée par
les parties environnantes , vû qu'elles font trop foibles , toutes évidées
dans leur hauteur ou en porte-à-faux ; & qu'en un mot pour foutenir
l'effort d'une coupole de 63 pieds de diamétre , placée fur pendentifs , il
faudroit que les fupports en queftion euffent tout au moins 9 pieds de
largeur à la place de 3 pieds 9 pouces. Mais à combien plus forte raifon fera-t-on perfuadé de l'infuffifance de ces piliers , fi l'on fait attention que nous n'avons confidéré que la pouffée d'une feule voûte , & qu'il
doit y en avoir deux fuivant le projet, agiffantes contre les mêmes piédroits. Enfin, il faudroit condamner la conftruction de tous les ouvrages
célébres exécutés en ce genre , pour approuver les proportions des fupports de celui-ci , & dire que les Michel-Ange, les Fontana , les Wren ,
les Manfards , & tous les habiles conftructeurs qui ont fait des coupoles , ne fe font point douté de la force qu'il falloit pour les foutenir ;
puifque , comparée à celle des piliers deftinés à porter le dôme de l'E-
glife de Sainte Génevieve , ces derniers fe trouvent toujours proportion-
nellement deux & trois fois moins confidérables que les autres. C'eft
aux Savants & aux Conftructeurs inftruits à prononcer fur cet objet
important , qui intéreffe trop la gloire de nos arts & la fureté publique ,
pour pouvoir être regardé avec indifférence (22).

---

(22) Nous invitons ceux qui entrepren-
droient de répondre à ce Mémoire , de ne point
donner pour raifon , des conjectures ou des
opinions particuliéres , mais de fuivre à peu-
près notre marche , c'eft-à-dire d'appuyer ce
qu'ils avanceront , par des faits en paralelle

PROBLEME.

Une voûte en berceau de 63 pieds de diamètre, FIG. IV, furmontée d'un 12ᵉ. avec 24 pouces d'épaiſſeur réduite pour la partie ſupérieure f d de la voûte, & des piedroits de 36 pieds de hauteur, étant donnée, trouver par l'application de la formule $\sqrt{\dfrac{2\,b\,g\,nn}{4f} - \dfrac{2\,d\,nn}{f} + \dfrac{4\,nn^2}{ff} - \dfrac{2\,nn}{f}} = y$, quelle eſt la puiſſance en équilibre avec ſa pouſſée.

SOLUTION.

Soit la voûte b f t d de 63 pieds de diamètre, ſon épaiſſeur réduite deux pieds, ſon rayon 36 pieds 9 pouces, & la hauteur n p du piedroit 36 pieds.

Il faut ſçavoir que pour parvenir à l'équation $\sqrt{\dfrac{2\,bgnn}{af} - \dfrac{2\,dnn}{f} + \dfrac{4\,nn^2}{ff} - \dfrac{2\,nn}{f}} = y$ dont il s'agit de faire l'application : 1°. il a été tiré du centre K′ de l'un des arcs, les droites K′ d & K′ f ; l'une à l'interſection des deux arcs, l'autre au point c, milieu de l'arc b d : 2°. que l'on a abaiſſé du point l, milieu de f c, la perpendiculaire l u, ſur le diamètre b G : 3°. que par ce même point l, on a mené une autre perpendiculaire l k, ſur l'axe d H, de la voûte, dont le prolongement rencontre en m, celui n p du piedroit.

L'on a appellé l k (a) : b u (d) : n p (f) : m p (g), & la ſurface f c d t qui tend à écarter le piedroit, (nn). C'eſt donc en découvrant les valeurs de ces analytiques, au moyen des données de notre problême, que nous aurons l'expreſſion cherchée de y.

K′ d & K′ H étant connues dans le triangle rectangle H K′ d, on aura par les méthodes, la valeur de l'angle H K′ d, qui dans ce cas eſt de

joints à des démonſtrations : car, en pareille matiere ce ne ſont que ceux qui prouvent, qui méritent attention. On vient de nous aſſurer qu'il alloit paroître dans le Mercure une lettre d'un ami de M. Soufflot, où il eſt dit qu'il prendra pour modèle de l'exécution de ſon dôme, les procédés gothiques : mais jamais les Goths dont on admire avec raiſon la légéreté de pluſieurs de leurs ouvrages, n'ont connu les conſtructions des coupoles ſur pendentifs ; jamais ils n'ont rien entrepris de comparable pour la hardieſſe à ces chefs-d'œuvres d'induſtrie Des fardeaux auſſi conſidérables portés en l'air ſur quatre points, demandoient trop d'études, de connoiſſances & de combinaiſons, pour avoir été le fruit de ſiécles où l'on ne ſavoit ni lire ni écrire, & encore moins calculer. L'on ſait que c'eſt à la renaiſſance des Arts & des Sciences qu'eſt due la perfection de cette découverte faire ſous Juſtinien. Cette remarque ſuffit pour faire voir le peu d'égard que méritera une Apologie ſans vraiſemblance, deſtituée de faits homogenes & de preuves démonſtratives.

81 dégrés 47 m. $\frac{1}{3}$; la moitié, 40 dégrés 53 m. $\frac{1}{3}$ sera celle de l'angle l K' u. L'on connoîtra donc dans cet autre triangle l K' u, les trois angles & l'hippotenuse ; ainsi il est facile de trouver par la Trigonométrie côtés K u & l u. En retranchant K' H de K' u, on aura la valeur de H u, & par conséquent de l k qui lui est égal : en ôtant aussi K' u de K' b, on aura la valeur de b u : enfin, par la comparaison des triangles semblables K' u l & k l q, on obtiendra la valeur de k q.

On connoîtra la surface $n\,n$ qui reste, en cherchant d'abord la surface de la couronne entiere, ensuite en retranchant le cercle qui auroit K' c pour rayon, de celui dont le rayon seroit K f ; & enfin faisant la proportion, 360 dégrés est à 40 dégr. 53 m. $\frac{2}{3}$, valeur de l'arc c d ou c b, comme la couronne est à la partie f c d t (nn) $=$ 1 toise 2 pieds 11 pouces 9 lig. 10 points.

Ainsi par toutes ces opérations, on trouvera que $a =$ 3 toises 5 pieds 3 pouc. 5 lign. : que $b =$ 3 toif. 2 pi. 1 pouc. 11 lig. 4 p. : que $d =$ 1 t. 2 pi. 2 pouc. 5 lig. : que $f =$ 6 toises : que $g =$ 10 toif. o pi. 8 po. 6 li. : & que $n\,n =$ 1 toise 2 pieds 11 pouces 9 lignes 10 points.

En faisant les produits de l'équation, on découvrira que

$$\frac{2\,b\,g\,n\,n}{a\,f} == 4^{\text{toif.}}\ 2^{\text{pi.}}\ 2^{\text{pouc.}}\ 10^{\text{li.}}\ 2^{\text{po.}}\ 7$$

$$\frac{2\,d\,n\,n}{f} == 0\ldots 4\ldots 1\ldots 2\ldots 5\ldots 8$$

$$\frac{4\,n\,n^2}{f\,f} == 0\ldots 1\ldots 5\ldots 11\ldots 3$$

$$\frac{2\,n\,n}{f} == 0\ldots 2\ldots 11\ldots 11\ldots 3.$$

Par conséquent $\sqrt{\dfrac{2\,b\,g\,n\,n}{a\,f} - \dfrac{2\,d\,n\,n}{f} + \dfrac{4\,n\,n^2}{f\,f}} = \sqrt{3^{\text{to.}}\ 5^{\text{pi.}}\ 7^{\text{pou.}}\ 6^{\text{li.}}\ 11^{\text{po.}}\ 9}$; ou bien égale 1 toise 5 pieds 10 pouc. 10 lign. dont il faut retrancher o toif. 2 pi. 11 pouc. 11 lig. 3 points , valeur de $\dfrac{2\,n\,n}{f}$; & le reste 1 toise 2 pieds 10 pouc. 11 lig. 4 points sera l'épaisseur qu'il conviendra de donner pour l'équilibre aux piedroits de la voûte en berceau.

Mais comme l'on sçait que les voûtes sphériques dont l'arc droit est circulaire, ainsi que les voûtes sphéroïdes dont l'arc droit est elliptique sur-haussé ou sur-baissé, poussent environ la moitié moins que celles en berceau de même nature, diamètre, épaisseur, & en un mot qui sont con-

ditionnées de même; il s'enfuit que pour connoître l'épaiffeur des piédroits de la voûte fphéroïde, qui eft l'objet de notre examen, il faut
prendre la moitié de 1 toife 2 pieds 10 pouces 11 lignes 4 points; &
l'on aura 4 pieds 5 pouces 5 lignes 8 points pour la puiffance en équilibre avec la pouffée de cette voûte; ce qu'il falloit démontrer.

F I N.

E R R A T A.

Page 17, dernier mot de la Note, aulieu de *Bon*, lifez *Bonani.*
Page 18, ligne 1 de la Note, cet, *lifez* cette.
Page 22, ligne 23, deftination, *lifez* deftination.
Page 23, ligne 23, no s'apperçoit, *lifez* on s'apperçoit.
Page 28, au bas de la Note, aulieu de *maque fi*, lifez *Normaque fi.*

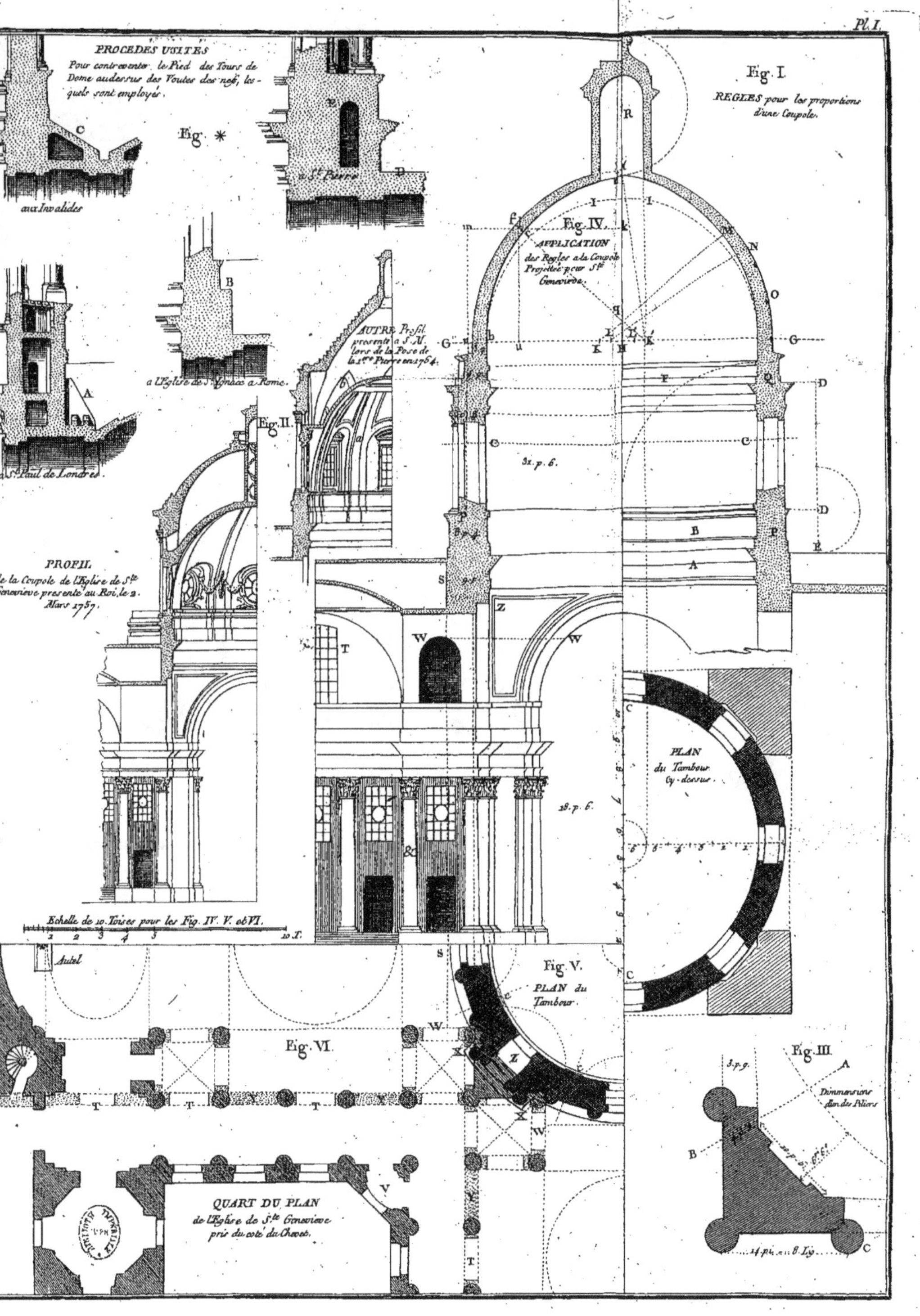
Pl. I.
PROCEDES USITES
Pour contreventer le Pied des Tours de
Dome au dessus des Voutes des nefs, les-
quels sont employés.
aux Invalides
a l'Eglise de St Ignace a Rome.
a St Paul de Londres.
Fig. *
a St Pierre.
PROFIL
de la Coupole de l'Eglise de Ste
Geneviève presenté au Roi, le 2
Mars 1757.
Fig. II.
AUTRE Profil
presenté a S.M.
lors de la Pose de
la 1.re Pierre en 1764.
Fig. I.
REGLES pour les proportions
d'une Coupole.
Fig. IV.
APPLICATION
des Regles a la Coupole
Projettée pour Ste
Geneviève.
31. p. 6.
28. p. 6.
PLAN
du Tambour
Cy-dessus.
Fig. V.
PLAN du
Tambour.
Echelle de 10 Toises pour les Fig. IV. V. et VI.
1 2 3 4 5   10 T.
Autel
Fig. VI.
QUART DU PLAN
de l'Eglise de Ste Geneviève
pris du coté du Choeur.
Fig. III.
3. p. 9.
Dimensions
d'un plan des Piliers.
14 p.4. ou 8 Lig.

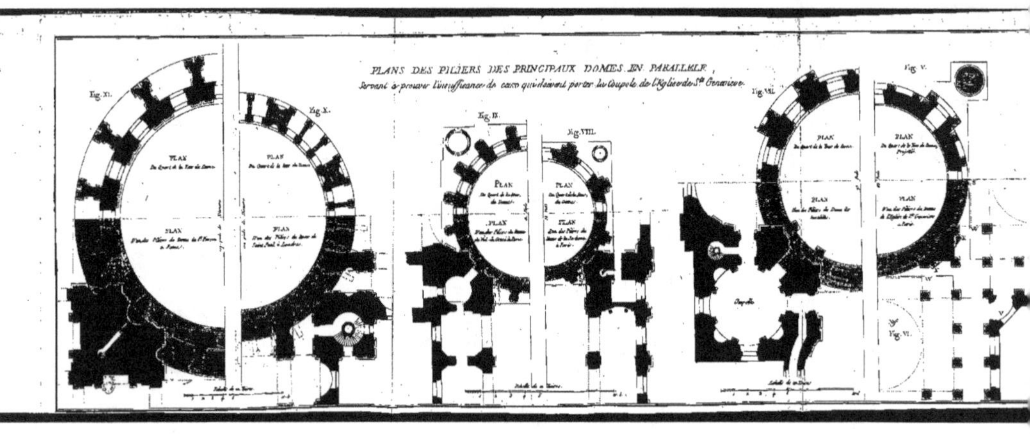

PLANS DES PILIERS DES PRINCIPAUX DOMES EN PARALLELE,
Servant à prouver l'insuffisance de ceux qui devroient porter la Coupole de l'Eglise de Ste Geneviève.
Fig. XI.
Fig. X.
Fig. IX.
Fig. VIII.
Fig. VII.
Fig. V.
Fig. VI.
PLAN
PLAN
PLAN
PLAN
PLAN
PLAN
Chapelle
Echelle de 10 Toises.

www.ingramcontent.com/pod-product-compliance
Lightning Source LLC
Chambersburg PA
CBHW061114050726
47594CB00005B/1937